Hello,

Die grandiose Landschaft ist für viele der Hauptgrund für eine Reise in den Westen Kanadas. Die Rocky Mountains stehen für weitgehend unberührte Wildnis. Yoho und Kootenay National Park in British Columbia sowie Banff und Jasper National Park in Alberta bilden einen gigantischen Naturraum.

UNENDLICHE WEITE UND WILDNIS PUR

Hier kann man jede Menge Outdoorspaß und manchen Adrenalinkick erleben. Einige waghalsige Unternehmungen präsentieren wir Ihnen auf S. 96 f.: Unsere Autorin Manuela Imre war auf der Via Ferrata unterwegs, passierte dabei schwankende Hängebrücken und hielt beim Wildwasserrafting in Yukon mehr als einmal die Luft an. Weit entspannter ist das Abtauchen in Naturpools (S. 20 f.). Wenn Sie auf Vancouver Island unterwegs sind, lassen Sie sich die Hot Springs Cove bei Tofino nicht entgehen! Der Weg dorthin war für mich fast so schön wie das Ziel selbst.

QUIRLIGE VIELFALT IN DEN STÄDTEN

Den Gegenpol zu so viel herrlicher Natur bilden die Metropolen im Westen des Landes. Vancouver und Calgary, aber auch Winnipeg und Edmonton locken mit moderner Architektur, viel Kunst und einer lebendigen Szene. Vancouver hat sich zum Hot Spot der Kreativen entwickelt. Sie hinterlassen mit kunterbunten Werken, mit angesagten Galerien und Läden Spuren im Stadtbild. Mehr dazu in DuMont Zur Sache auf S. 32ff. Angesichts dieser Vielseitigkeit kann man sich dem Urteil des irischen Rockstars Bono nur anschließen: »Die Welt braucht mehr Kanada!« Herzlich

Ihre

Birgit Borowski

Birgit Borowski
Redaktion DuMont Bildatlas

Fotograf Frank Heuer hat einen ganzen Sommer in Kanada verbracht, war oft zu Fuß unterwegs und machte mit Autorin Manuela Imre einen Segeltörn. Die Journalistin lebt in Toronto, von wo aus sie immer wieder auch in den Westen des Landes aufbricht.

102

Kanadas Städte investieren in moderne Architektur, auch Winnipeg.

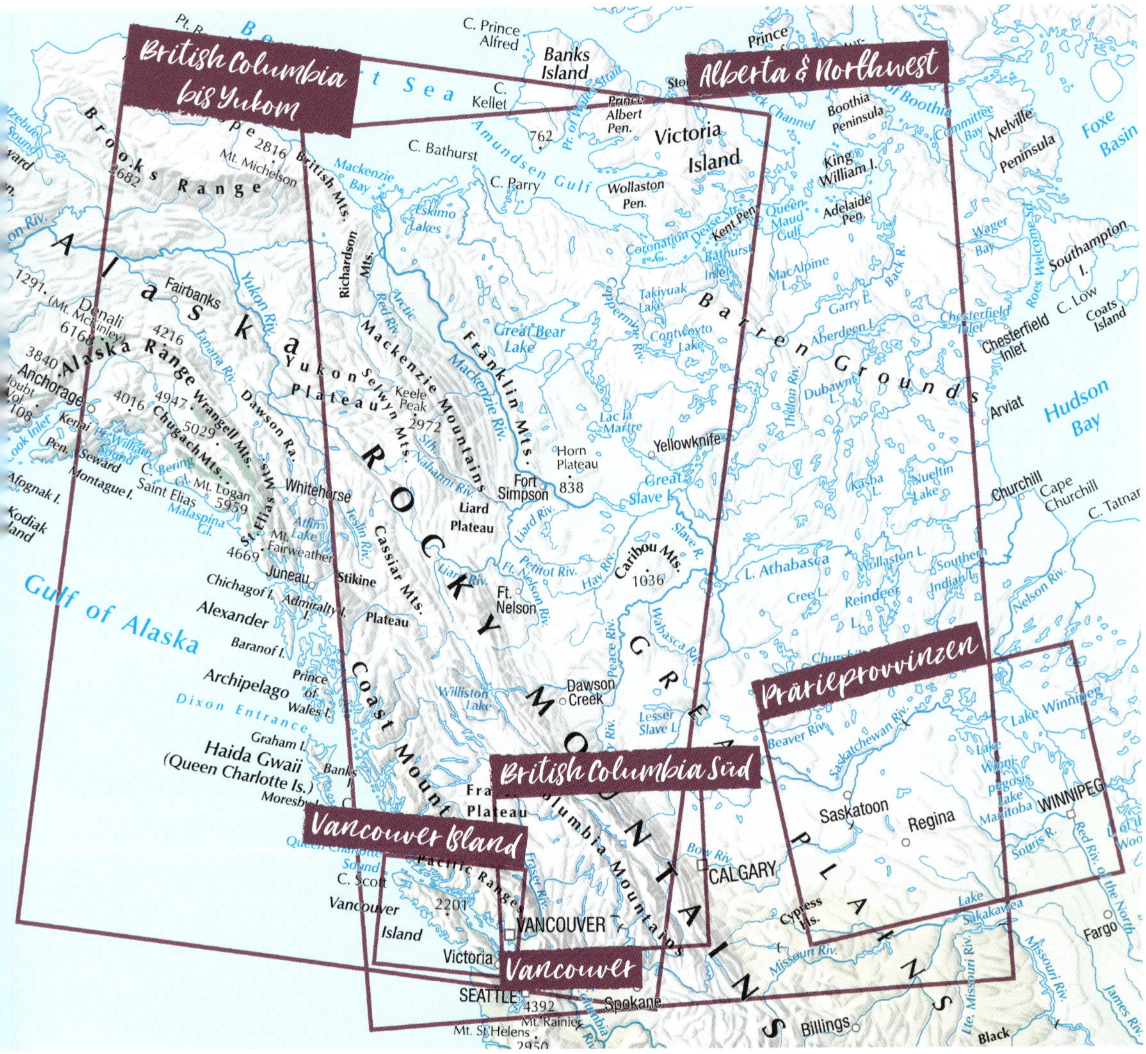

54

Die Weite der Landschaft ruft geradezu nach Ausflügen hoch zu Ross.

70

Strahlende Schönheit: Peyto Lake im Nationalpark von Banff

Impressionen

8   Magische Gletscherwelten, Vancouvers quirlige Vielfalt, Outdoor-Freuden rund um die Rockies, sonnenverwöhnte Strände, Wälder und ein Prärieritt.

Vancouver

22   **BOOM-CITY MIT TRAUMLAGE**
Rasantes Wachstum, eine rege Szene und jede Menge Kultur: Die größte Stadt im Westen Kanadas bezaubert darüber hinaus auch mit einer bildschönen Bergkulisse.

ZUR SACHE
32   **BUNT, EINFALLSREICH, LOKAL**
Trendsetter in Vancouver mischen in der Designer- und Restaurantszene mächtig mit.

36   **STRASSENKARTE | INFOS | JA NATÜRLICH**

Vancouver Island

40   **INSEL DER GEGENSÄTZE**
Vancouver Island lockt mit einem Mix aus Natur, Sport und Lebensfreude. Hier warten Traumstrände auf Wassersportler und Sonnenhungrige.

50   **STRASSENKARTE | INFOS | JA NATÜRLICH**

British Columbia Süd

54   **BERAUSCHENDE VIELFALT**
Alle kommen der Natur wegen nach Kanada. Die Bergwelt rund um Whistler zieht Outdoor-Fans an, auf dem Kicking Horse River und dem Fraser tummeln sich die Wildwasserfahrer. Ziemlich entspannt ist die Stimmung im warmen Okanagan Valley.

Unsere Favoriten

Heiß, heißer, Hot Springs
Abtauchen in Naturpools mit herrlich wohltuendem Thermalwasser

Frischer geht's nicht
Kanadische Küchenvielfalt und klasse Bier von kleinen Brauereien

Absolut atemberaubend!
Ziplining, Wildwasser, Motorradtouren und andere Outdoor-Trips

ZUR SACHE
64   **DAS NAPA DES NORDENS**
Heiße Tage, kühle Nächte und der ideale Boden: Das Okanagan Valley etabliert sich mit Erfolg als Weinbauregion. Cabernet Sauvignon, Merlot und andere Rebsorten gedeihen bestens.

66   **STRASSENKARTE | INFOS | JA NATÜRLICH**

Alberta & Northwest

70   **IM KRAFTFELD DER ROCKIES**
Die Nationalparks Banff und Jasper gehören zu den Highlights einer Kanadareise. Hier warten Berge und Flüsse, türkisfarbene Seen und unendliche Wälder. Einen Besuch in der modernen Boomtown Calgary nicht vergessen!

ZUR SACHE
80   **PRÄRIE-FASHION AUS CALGARY**
Wo Cowboys eingekleidet werden, da achtet man auch auf die kleinste Kleinigkeit. Alles rund um Stiefel und die legendären „White Hats".

84   **STRASSENKARTE | INFOS | JA NATÜRLICH**

BC bis Yukon

88   **DER SOG DES NORDENS**
Mitternachtssonne, raue Natur und ein ordentlicher Schuss Goldgräberromantik: die Nordflanke der Region zieht toughe Outdoor-Freaks und lässige Weltenbummler an. Mancher bleibt für immer dort.

98   **STRASSENKARTE | INFOS | JA NATÜRLICH**

Prärieprovinzen

102   **LANGWEILIG? VON WEGEN!**
Endlose Weite und leere Highways, moderne Architektur und einfallsreiche Unternehmer.

ZUR SACHE
110   **KANADAS WESTEN AUF ZELLULOID**
The Revenant, Twilight und andere Kinohits nutzten die grandiose Natur als perfekte Kulisse.

112   **STRASSENKARTE | INFOS | JA NATÜRLICH**

Anhang

116   **HILFREICH & NÜTZLICH**
119   **REGISTER, IMPRESSUM**
120   **URLAUB ERINNERN**
122   **LIEFERBARE AUSGABEN**

Das Beste erleben

Berührend, aufregend und spannend …
sind unsere Ideen, die wir für Ihren Aufenthalt
in Kanadas Westen zusammengetragen haben.

Kultur hautnah

* 1 *

UBC MUSEUM OF ANTHROPOLOGY, VANCOUVER

Totempfähle, Masken und Alltagsgegenstände
geben Einblick in jahrhundertealte Traditionen
der First Nations.
Seite 38

* 2 *

PARLAMENTSGEBÄUDE IN VICTORIA

Neobarocker Prachtbau
gegenüber der Hafenpromenade
Seite 51

* 3 *

MCBRIDE MUSEUM OF YUKON HISTORY

Auf den Spuren der Goldschürfer
in Whitehorse: Die Suche nach dem lukrativen
Schimmern hat viele zermürbt.
Seite 100

Naturwunder

* 4 *

MOUNT ROBSON PROVINCIAL PARK

Wildnis, Berge, Abenteuer –
unterwegs im Herzen der
kanadischen Rocky Mountains
Seite 69

* 5 *

ICEFIELDS PARKWAY, BANFF NATIONAL PARK

Atemberaubende Bergketten
und Gletscherseen. Die Magie dieser
Traumstraße wirkt lange nach.
Seite 86

Erlebnis Kanada

* 6 *
GRANVILLE ISLAND, VANCOUVER

Mit der Fähre geht es hinüber auf die Insel vor der Halbinsel. Dort warten Kunst, Genuss, Shopping und ein schöner Ausblick.
Seite 38

* 7 *
ICEFIELD SKYWALK, ALBERTA

280 Meter hängt der Skywalk über dem Sunwapta Valley. Der Glasboden bringt das Adrenalin in Wallung, aber der Nervenkitzel lohnt sich dank spektakulärer Blicke über Berge und Gletscher.
Seite 86

* 8 *
ALASKA HIGHWAY

Der Traum von der unendlichen Weite des Westens – hier wird er Wirklichkeit!
Seite 100

Mit allen Sinnen

* 9 *
HOT SPRING COVE, TOFINO

Was gibt es Schöneres, als in einer natürlichen Felsbadewanne zu entspannen?
Seite 52

* 10 *
PEAK-TO-PEAK-GONDOLA, WHISTLER

Auf in den Himmel! Berauschende Ausblicke im Umland von Vancouver
Seite 67

* 11 *
OKANAGAN VALLEY

Warmes Klima und ein reichhaltiger Boden lassen Weinreben sprießen. Eine Weinprobe zeigt die Geschmacksvielfalt der edlen Tropfen.
Seite 68

* 12 *
KICKING HORSE RIVER, YOHO NATIONAL PARK

Anschauen und staunen oder über Wellen und Strudel mit dem Schlauchboot durchs abwechslungsreiche Flusstal
Seite 68

MAGISCHE GLETSCHERWELTEN

Die eisigen Landschaften des Kluane National Park im Yukon wirken wie aus einer anderen Welt. Der Blick aus der Cessna schweift über die sanft geschwungenen Ströme, die die Naturgewalten des Kaska-wulsh-Gletschers hinterlassen haben. Zwischendrin erheben sich Gipfel wie der Pinnacle Peak oder Mount Kennedy – am höchsten ist aber der Mount Logan: mit 5959 Metern bildet er Kanadas Spitze.

VANCOUVERS VIELFALT

Die Stadt am Ozean ist nicht nur für Sportbegeis-
terte top: Auch Kultur- und Kulinarikfans finden hier
ein lässiges und entspanntes Mekka. Multikulti wird
großgeschrieben. Unweit der Granville Street wartet
in Downtown Vancouver entlang der Robson Street
zudem eine hippe Meile für Fashion-Freaks. Cafés,
Konditoreien und Bars sind immer zu Fuß erreichbar – genauso wie der nächste Park.

DIE WUCHT DER ROCKIES

Alberta hat alles, was man sich unter Kanadas Westen vorstellt: Die Rocky Mountains, die mit ihren schneebedeckten Gipfeln immer aufs Neue für Gänsehaut sorgen. Klare Bergseen wie den Lake Louise (Bild), auf deren Oberfläche sich die Wolken spiegeln, und dichte Wälder, die sich kilometerweit ausbreiten. Für Wanderfans, Wassersportfreunde und Naturliebhaber der perfekte Dreiklang für aufregende Erkundungen!

ZWISCHEN URALTEN ZEDERN

Vancouver Island ist durch Tofino bekannt für Surf-
strände, durch Victoria für hübsche Kolonialbauten.
Doch auch die Wälder der Insel sind eine ausgiebige
Wanderung wert. Jahrhundertealte Zedern ragen im
Cathedral Crove des MacMillan Provincial Park aus
dem Waldboden. Einige sind 75 Meter hoch.

EIN BLICK AUF DIE RAUE SEE

· ·

Der älteste Leuchtturm der kanadischen Westküste sitzt seit 1860 auf einer grauen Felsplatte über dem tiefblauen Wasser. „Fisgard Lighthouse" auf Vancouver Island nahe Colwood bietet einen tollen Blick über die Esquimalt Lagoon. Die reichen Fischgründe sorgen für reichlich frischen Nachschub für viele Restaurants.

WO DIE COWBOYS
ZU HAUSE SIND

Kein Trip nach Alberta sollte ohne einen
Abstecher ins Cowboyleben enden. Während es in
Städten wie Calgary in Bars oder auf der jährlichen
Stampede zelebriert wird, wartet in weitläufigen
Prärielandschaften wie jener rund um den South
Saskatchewan River (Foto) das wahre Wildwest-
gefühl. Vom Pferderücken aus begreift man erst
richtig die Dimension des Landes.

Die schönsten Naturquellen

HEISS, HEISSER, HOT SPRINGS

Wie herrlich, nach einer langen Wanderung die Muskeln in warmem Wasser entspannen zu können! Wenn der Pool auch noch mitten in der Natur steht und mit gesundem Quellwasser gefüllt ist – perfekt! Im kanadischen Westen findet man immer wieder Hot Springs, heiße Quellen, umgeben von Felsen und dichten Wäldern.

❶ Hot Springs Cove, Tofino

Die Hot Springs Cove in Tofino muss man sich erarbeiten, aber da die gut zwei Kilometer lange Wanderung durch einen malerischen Wald führt, ist der Weg fast so schön wie das Ziel. Zunächst geht es aber per Boot oder mit dem Wasserflugzeug zum Maquinna Provincial Park. Dort klettert man eine halbe Stunde über Holzstufen durch besagten verwunschen wirkenden Regenwald. Für Unterhaltung sorgen die Nachrichten, Heiratsanträge und Liebesbekundungen, die kunstvoll in die Holzbretter des Pfades eingraviert wurden. Als Belohnung wartet nach dem Trail die Naturbadewanne versteckt hinter hohen Felsen. Auf mehrere Pools verteilt, aalen sich kleine Grüppchen in den erstaunlich bequemen Granitnischen. Badesachen, Handtuch sowie Lunch oder Snack mitbringen! Vom hohen Gestein über den Quellen hat man einen berauschenden Ausblick aufs Wasser.

Jamie's Tofino Station,
Tel +1 250 725 39 19,
www.jamies.com

❷ Harrison Hot Springs

1858 zufällig von Goldsuchern entdeckt, wird die wärmende Kraft der Mineralquellen Potash und Sulphur an der Südspitze des Harrison Lake seit 1886 für erholsame Bäder genutzt. Der Ort hat mittlerweile eine Therme um die 38 °C heißen Quellen gebaut. Die Anlage des schönen Spas mit mehreren Becken ist mit direktem Blick auf See und Berge naturnah; auch ein Romantik-Special mit Champagner am Pool, Massagen und Beauty-Behandlungen wird geboten.

100 Esplanade Ave,
Harrison,
Tel +1 604 796 22 44,
www.harrisonresort.com

❸ Banff Upper Hot Springs

Auf 1585 Metern Höhe gelegen, sind die Banff Upper Hot Springs die höchsten Thermalpools in Kanada. Und schon angesichts der spektakulären Szenerie wird einem warm ums Herz: Der Blick geht auf Mount Roundle, dahinter recken sich dunkle Tannen in den Himmel. Wer im Winter vorbeischaut, ist vom schneebedeckten Waldpanorama umgeben. Dabei kann es noch so kalt und winterlich sein: Das Wasser im Becken ist zwischen gemütlichen 37 und 40 °C warm. Das versöhnt mit der etwas überlaufenen und weniger romantischen Atmosphäre im Pool. Da die Quellen beliebt sind, sollte man es am besten machen wie die Locals und die frühen Morgenstunden zum entspannteren Baden bei den Pools wählen. Neben der tollen Lage haben die Quellen auch historische Bedeutung für die Umgebung: Im Zuge der Entdeckung der Upper Hot Springs 1884 ist anschließend der Naturpark von Banff entstanden.

4 km südl. von Banff,
https://www.hotsprings.ca/banff

5 Radium Hot Springs

4 Miette Hot Springs

Dass die Miette Hot Springs mitten im Jasper National Park liegen, sagt fast schon alles: Die Fahrt zu den Quellen versetzt in Bestlaune. Auf einer kurvigen Panoramastraße durch das Fiddle Valley fährt man immer tiefer in die kanadische Wildnis. Für einen noch etwas dramatischeren und imposanteren Touch heben sich dann um das Becken herum die Rockies aus dem Tal. Umgeben von Tannenwald lassen sich also mit allen Sinnen Szenerie und Quellwasser genießen. Die Miette Springs sind perfekt für besonders kalte Tage – denn das Wasser, das aus den Bergen kommt, ist dampfende 54 °C heiß! Aber keine Sorge: Für die Badegäste wird es auf erträglichere 40 °C heruntergekühlt. Ein kleiner Bonus der Anlage mit ihren zwei großen und zwei kleineren Becken: Das Fiddle Valley Café versorgt Hungrige mit Lunch oder kleinen Snacks. Wer selbst etwas mitbringt, kann sich an den Picknicktischen mit Blick auf die Landschaft niederlassen.

Miette Road, 61 km östlich von Jasper, Tel + 1 800 767 16 11, www.hotsprings.ca/miette

Die heißen Quellen am Südeingang des Kootenay National Park waren bereits den First Nations der Gegend bekannt. Der Legende zufolge soll George Simpson, Chef der Hudson's Bay Company, als erster namentlich bekannter Gast ein Bad im damaligen Kiesbecken genommen haben. Mittlerweile wurden zwei Poolbecken gebaut, die versteckt zwischen Bäumen liegen. Die Radium Hot Springs enthalten durch Radonanreicherung schwach radioaktives Wasser.

Kootenay National Park, Tel +1 888 347 93 31, www. radiumhotsprings.com

6 Takhini Hot Pools

William Allen Puckett hat 1907 das Land mit den Hot Springs, 28 Kilometer außerhalb von Whitehorse gelegen und von First Nations und Goldgräbern geschätzt, für zwei Dollar erstanden. Er nutzte die Quellen privat für entspannende Bäder. Während des Baus des Alaska Highway im Zweiten Weltkrieg ruhten sich die US-Soldaten, die die Straße anlegten, nach den langen Arbeitstagen im heißen Wasser aus. Heute sind die Pools modern vergrößert und am Abend bunt beleuchtet. Vom heißen Wasser einfach in den Sternenhimmel zu schauen, ist allerdings der schönste und vor allem mineralienreichste Bonus der Quellen. Neu hinzu gekommen sind die angrenzende Campinganlage, das Hot Rock Café und zwei Ferien-Suiten. Es lohnt sich, als Hotelgast nach einem Rabatt für den 40 CAD teuren Einlass bei den Hot Springs fragen.

KM 10/Mile 6 Takhini Hotsprings Road, Whitehorse, Tel. +1 867 456 80 00, https://eclipsenordic hotsprings.ca

Vancouver

*

BOOM-CITY MIT TRAUMLAGE

*

Vancouver wächst – ständig. Ob nach oben in Form von Hochhäusern, ob nach unten mit Gärten oder in seiner DNA: Es gilt als eine der ethnisch buntesten Städte, das Multikulti-Level ist hoch. Nur in der Breite wird es problematisch. Auf der einen Seite liegt der Pazifik, auf der anderen umranden die North Shore Mountains die Stadt. Ein spektakuläres Panorama!

Der Stanley Park ist einer der größten Stadtparks der Welt und bietet ausgiebig Raum zum Relaxen, etwa am English Bay Beach.

Downtown Vancouver: Hochhäuser
wie in der Thurlow Street (rechts)
und der Burrard Street (Mitte, mit
dem Brunnen der Pioniere) erzählen
vom ungebrochenen Wachstum.

Unten: Die Stadt steht für eine
unaufgeregte Atmosphäre –
nicht nur zur Cocktailstunde.

Radeln, joggen, schwimmen, tauchen im Stanley Park – Vancouver bietet
jede Menge Möglichkeiten für sportliche Naturen.

TRAUMLAGE ZWISCHEN OZEAN UND BERGEN, GUTE JOBS, MILDES KLIMA: VANCOUVER BOOMT.

Bei Sonnenaufgang ein paar Runden mit dem Kajak drehen, dann mit dem Fahrrad ins Büro, in der Mittagspause beim Paddleboarding die Gedanken sammeln und am Abend noch eine Partie Golf – oder doch lieber die Skier einpacken und den Grouse Mountain hinuntersausen? Petes tägliches Bewegungspensum lässt einen bereits beim Zuhören aus der Puste kommen. Beim Gedanken an die Restaurant- und Kulturszene muss selbst der Banker abwinken: „Mehr als genug!" Die Aussicht auf dieses „Good Life", wie Pete es nennt, also eine Mischung aus tollen Freizeitangeboten, guten Jobs, Kultur, Nightlife und viel Natur, zog den Briten nach dem Börsencrash 2008 nach Vancouver, wie Tausende vor, mit und nach ihm.

VIELSEITIG UND VIELFÄLTIG

Dank der Traumlage zwischen Ozean und Bergen, einem milden Klima und dem lässigen Lebensstil, für den die Vancouverites bekannt sind, thront die Metropole regelmäßig an der Spitze von „Beste-Lebensqualität"-Ranglisten. Die Kriminalitätsrate ist gering, die Arbeitslosigkeit auch. Kein Wunder, dass die drittgrößte Stadt Kanadas am schnellsten und vielfältigsten wächst. Über 2,6 Millionen Einwohner leben heute in Vancouver, knapp 40 Prozent davon wurden nicht in Kanada geboren. Zwar ist der Anteil der asiatischen Einwanderer besonders hoch, doch strömen auch aus allen anderen Teilen der Welt Menschen in die Hafenstadt. Der Aufprall in der fremden Kultur scheint hier sanfter: Liberal und kanadisch-nett, gibt es kaum ethnische Spannungen.

BOOM-CITY — BOOM-PREISE

Wenn so viele Superlative locken, muss man mit entsprechenden Nebeneffekten rechnen: Vancouver ist das teuerste Pflaster des Landes, vor allem die Wohnungspreise erreichten in den vergangenen Jahren astronomische Höhen. Zwar ebbt der Bau-Boom keineswegs ab – vor allem in Downtown entstehen auf jedem freien Fleckchen funkelnde Glaskästen –, doch auch die Nachfrage steigt stetig, vor allem von jungen, vermögenden Käufern. Das treibt die Mieten und Kaufpreise an. Immer mehr Tech-Unternehmen entdecken die Lage, der Anteil an Start-up-Gründern, Entrepreneuren und Freischaffenden ist hoch: In coolen Cafés wie dem Nelson the Seagull oder Timbertrain Coffee Roasters wird an Laptops gearbeitet und „Cold Brew" (kalt aufgegossener, über Nacht gezogener Kaffee) getrunken. Man geht in den kleinen Designer-Boutiquen hipper Nachbarschaften wie Main Street shoppen und

Jede Viertelstunde stößt die Steam Clock in Gastown lautstark pfeifend Dampf aus, sehr zur Freude der Touristinnen und Touristen, die nur darauf warten.

Genau richtig für ein Foto-Shooting: die „A-maze-ing Laughter"-Installation des chinesischen Künstlers Yue Minjun im Morton Park, English Bay Beach

Mitte rechts: Skulptur der indischstämmigen Künstlerin Bharti Kher in der Vancouver Art Gallery

Der jugendlich-frische Charakter der Stadt schlägt sich auch in einer ausgeprägten Lust am Ausgehen nieder. Ein guter Platz: die Rooftop Bar Reflections Terrace im Rosewood Hotel Georgia.

English Bay Beach: Kaum scheint die Sonne, zieht es Vancouvers Einwohner mit Macht nach draußen. Denn die häufigen Regenschauer sind berühmt-berüchtigt.

in Gourmet-Supermärkten oder Bio-Läden in Downtown einkaufen. Der Lebensstandard ist hoch.

JUNG, LIBERAL, AUFGESCHLOSSEN

Der jugendlich-frische Charakter der Stadt mag im hohen Frischluft- und Bewegungspensum begründet sein, das die Bewohner hier täglich absolvieren, aber auch im vergleichsweise leichten Ballast, den Vancouvers Vergangenheit produziert hat. First-Nations-Stämme hatten das Burrard Inlet besiedelt, als die Spanier 1791 vorbeisegelten. Ein Jahr später beanspruchte George Vancouver das Land für Großbritannien, seit 1886 trägt die Stadt seinen Namen. Im gleichen

Jahr erreichte der erste Zug der transkontinentalen Eisenbahn die mittlerweile brodelnde Stadt. Doch schon vorher, 1858, sorgte ein Goldrausch am Fraser River für den ersten Siedlungboom. Der nächste kam mit den Holzfällern und dem Pelzhandel Ende der 1860er-Jahre. 1901 nannten 26 000 Menschen Vancouver ihr Zuhause, 1931 waren es bereits 246 000. Das Tempo legt seitdem mit jeder Dekade einen Zahn zu. Optimismus und Tatkraft bestimmten damals wie heute die Gesellschaft. Und die junge Geschichte der Stadt bewahrt vor knebelnden Traditionen oder festgefahrenen Strukturen. Der Blick geht immer nach vorn. Greenpeace wurde hier gegründet.

Douglas Coupland prägte 1991 mit seinem Kultroman „Generation X" über das Ende der Baby-Boomer-Ära einen Schlüsselbegriff des postmodernen Zeitgeistes. Man ist aufgeschlossen und liberal. Gleichgeschlechtliche Ehen sind selbstverständlich, städtische Zuschüsse für Kunst und Kultur regelmäßig und Ansätze, die Kultur der First Nations stärker einzubinden, vielfältig.

TOTEMKUNST UND REGENBOGENFARBEN

Ob im weitläufigen Museum of Anthropology oder unter blauem Himmel: Die meterhohen und aufwendig geschnitzten Totempfähle wie im Stanley Park sind wuchtige Zeitzeugen der Ureinwohner. Sie stammen aus dem 19. bzw. frühen 20. Jahrhundert. Mit Festivals, Tanzabenden und Trommelnachmittagen bringen die Nachfahren heute die Rituale ihrer Ahnen verstärkt zurück ins Stadtbild. Und mittendrin die Rituale und Farben der neuen Welt: Hippies, Immigranten und Graffiti-Künstler haben Quartiere wie den einstmals heruntergekommenen Commercial Drive, auch „The Drive" genannt, zu einer der knalligsten und charmantesten Gegenden der Stadt gemacht. Davie Village wiederum erstrahlt an jeder Ecke in Regenbogenfarben – nicht nur zur alljährlichen Gay-Pride-Parade im August.

„THE DRIVE" IST HEUTE EINE DER CHARMANTESTEN GEGENDEN DER STADT.

Der Downtown-Kern mit seinen Glasfassaden und sauberen Gehwegen grenzt an viktorianische Häuserreihen und direkt am Wasser an den Canada Place, einen guten Startpunkt für lauffreudige Entdecker. Der Expo-Pavillon mit seinem fotogenen Dach, das an aufstrebende weiße Segel erinnert, beherbergt Visitor Centre, IMAX-Kino und Kongresszentrum. Gleich daneben laufen riesige Kreuzfahrtschiffe in den Hafen ein und aus. Hier ragt auch die 2009 installierte knallblaue „The Drop"-Skulptur der Berliner Künstlergruppe Inges Idee 20 Meter in den Himmel, Wahrzeichen des Hafens in Tropfenform – und Sinnbild für das niederschlagsreiche Wetter der Metropole. Im Durchschnitt tragen Vancouverites an 165 Tagen im Jahr eine wasserfeste Jacke; dafür sind Minustemperaturen selten. Und falls es nieselt, bietet ein dichtes Netz aus Galerien und großen Museen ausreichend Unterschlupf und Sinnesreize.

Sobald die Sonne scheint, tummelt sich alles im Stanley Park mit seinem alten Baumbestand und der Seawall Promenade mit Panorama-Skyline-Blick. Alter-

Oben: Blick in die Cambie Street. Gastown ist das Viertel mit den ältesten Gebäuden der Stadt.

Unten: Die Halbinsel Granville Island, einst eine Industriebrache, lockt mit Ateliers, Restaurants und dem beliebten Public Market mit seiner bunten Fülle an Obst, Gemüse und anderen Lebensmitteln.

Südlich an Gastown grenzt Chinatown an, ein Labyrinth aus engen Gassen, Exotik pur. Entstanden im Zug des Goldrauschs um 1858, ist es heute mit über 100 000 Einwohnern das größte chinesische Viertel Nordamerikas.

Skyline am False Creek: Die Bucht schließt Downtown nach Süden hin ab.

Blick vom höchsten Punkt der Innenstadt, dem Queen Elizabeth Park, auf Vancouvers Berge und das Hochhausgewirr in Downtown

Alle zehn Minuten fährt eine Gondelbahn hinauf auf den Grouse Mountain. Auch vom 1250 Meter hohen Hausberg Vancouvers aus genießt man einen perfekten Blick auf die City.

Langsam ebbt die Hektik des Tages ab, jetzt lockt der Sunset Beach Park mit einer zauberhaften Abendstimmung.

Kunst der First Nations: Bis zu zehn Meter hoch sind die Totempfähle im Museum of Anthropology …

… und im Stanley Park. Seit 1920 stehen hier originale alte Totempfähle der Nordwestküstenstämme.

Umweltschutz

Special

Greenpeace verpflichtet

....

Das Herz von Vancouver, es schlägt für die Natur. Kein Wunder: Sie macht das Leben in der Metropole trotz Hochhäusern und Verkehrsstress so entspannt. Greenpeace, die berühmte Non-Profit-Organisation, die sich weltweit für den Umweltschutz starkmacht, wurde 1971 hier gegründet.

Das Ökobewusstsein ist tief verwurzelt, auch in der Politik: Vancouver hat sich zum Ziel gesetzt, in den nächsten Jahren die grünste Stadt der Welt zu werden. Schon heute hat Vancouver den geringsten CO_2-Fußabdruck aller nordamerikanischen Großstädte und thront auch auf Rang eins, was umweltfreundliche Bauplanung und Umsetzung angeht. Derzeit kommen 95 Prozent der Elektrizität aus erneuerbaren Energiequellen. Das Ziel ist, als erste Stadt in Kanada 100 Prozent zu erreichen. Bis 2030 sollen alle Gebäude der Metropole klimaneutral sein.

Dachgarten des Fairmont Waterfront Hotels

An vielen Stellen werden ungenutzte Plätze für „Urban Gardening" verwendet. So hat das Fairmont Waterfront Hotel neben einem Dachgarten mit Kräutern und Gemüse auch ein „Bee Hotel". 250 000 Bienen schwirren tagtäglich in den Stöcken aus und ein. Das Ergebnis: feinster Vancouver-Honig, der aber nicht verkauft, sondern in der Hotelküche verarbeitet wird (900 Canada Place, www.fairmont. com).

nativ breitet man das Picknick an den Stadtstränden wie English Bay und Sunset Beach aus oder sonnt sich in den Straßencafés von Gastown.

AUSGEHEN — LIEBSTER ZEITVERTREIB

Das lebendige Gastown mit seinen historischen Laternen, dem Kopfsteinpflaster und den dunkelroten Backsteingebäuden hat sich durch umfassende Renovierungen zur Augenweide westlich des Hafens gemausert. Zum einen bedeutet das viele Touristen vor allem im nahen Umkreis der „Steam Watch", die jede Viertelstunde Pfeiftöne und Dampfschwaden ausstößt. Zum anderen heißt das aber auch „Welcome to Hipster-Heaven". Denn in den verwinkelten Nebengassen haben sich Designer-Boutiquen, Galerien und gemütlich-schicke Restaurants wie das MeeT einquartiert. In den Abendstunden winkt eine Bilderbuchauswahl an Konzerten, Theaterstücken, Tanzvorführungen und Comedy-Clubs. Yaletown wartet mit Restaurants und Bars in den renovierten Lagerhäusern auf. Wer's etwas lässiger mag, geht in der Beach-Nachbarschaft Kitsilano auf ein Bier in einen der vielen Pubs. Etwas nordöstlich davon auf dem Weg in die Stadt kurz im Vanier Park stoppen: Panoramablickalarm! Wobei … Der ertönt in Vancouver eigentlich ständig.

Vancouvers Trendsetter

BUNT, EINFALLSREICH, LOKAL

Lässig und jung entwickelt sich Vancouver zum Hotspot der Designer-, Kunst- und Restaurantszene. Heimische und internationale Kreative verpassen dem Stadtbild ein buntes Outfit, die Locals selbst tragen einen Mix aus praktisch und ausgefallen. Restaurants bieten „farm to table", aufgetragen in lässiger Scheunenatmosphäre.

Öffentlicher Raum verwandelt sich in Kunst beim Vancouver Mural Festival mit Teilnehmer:innen aus aller Welt.

Vancouvers Giganten sind weder gefährlich noch Furcht einflößend – dafür riesig und knallbunt. Behäbig stehen die sechs in Reih und Glied auf Granville Island und sind seit der Enthüllung der Public-Art-Installation 2014 zu einem der beliebtesten Fotomotive der Metropole geworden. Denn im Hintergrund ragen die silbern funkelnden Skyscraper von Downtown in den Himmel: ein prickelnder Kontrast von schräger Graffiti-Kunst und architektonischer Modernität.

„Jede Stadt braucht Kunst, und Kunst muss inmitten der Menschen sein", sagt das brasilianische Streetart-Zwillingsteam Osgemeos, das die einst hässlich-grauen Silo-Ungetüme im Zuge der städtischen Vancouver Biennale „Open Borders / Crossroads Vancouver" so gekonnt verwandelt hat, über seine Giganten. Das Projekt animierte lokale und internationale Künstler, an verschiedenen Plätzen der Stadt Kunst aufzustellen, etwa die „bunten Bohnen" des Kanadiers Co-

simo Cavallaro am Charleson Park oder auch das „F Grass" von Kunstaktivist Ai Weiwei am Harbour Green Park. Noch kunterbunter geht es in der Freiluftkunst entlang aufstrebender Nachbarschaften wie dem Commercial Drive zu. Meterhohe Graffiti erzählen Geschichten von Integration, Naturgewalten und First-Nations-Kulturen.

Wer kleine Ausstellungen fernab von kommerziellen Galerien oder großen Museen erkunden möchte: Im quirligen Chinatown entsteht im Umfeld der East Pender Street eine neue Szene aus Läden wie dem Blim, einer

Mischung aus Hipster-Fashion und Underground-Art. In einem Teil hängen Designer-Outfits im Skater-Stil, zwischendrin stellen junge Künstler ihre Werke aus, und im hinteren Teil können Kreative in Workshops ihre eigene Siebdruck-Mode herstellen. Ein ähnliches umfassendes Konzept zur Unterstützung von Künstlern vertritt die Galerie Gachet, die ebenfalls Kunstprogramme anbietet.

ZIEMLICH ANGESAGT: SOMA

Von der rauen Ecke zur heißesten Gegend? Jede Millionenstadt kennt das Phänomen, auch Gentrifizierung ge-

Oben: Alles ganz relaxt am Commercial Drive im Viertel SoMa

Links: Die hässlichen Silos eines Zementwerks hat das brasilianische Künstlerduo Osgemeos im Rahmen der Vancouver Biennale in die „Giants" verwandelt.

nannt: Einst vernachlässigte Straßenzüge werden durch die hohen Preise angrenzender Nachbarschaften plötzlich von Künstlern, Restaurateuren und Designern besiedelt und aus dem Dornröschenschlaf geweckt. Auf der Suche nach günstigen Wohnungen und Ateliers beginnt eine neue Szene zu köcheln, deren Kreativität sich in Rundumerneuerungen der Gebäude und in kleinen, schicken Geschäften entlädt – so geschehen in Vancouvers derzeitigem In-Viertel South Main oder schlicht SoMa.

Die Straßen um Broadway und Main Street sind an sonnigen Tagen

»JEDE STADT BRAUCHT KUNST, UND KUNST MUSS INMITTEN DER MENSCHEN SEIN.«

Osgemeos, brasilianisches Künstlerduo

Hippe Ecken: Score on Davie im Schwulenviertel Davie Street und The Charlatan am Commercial Drive (unten)

gefüllt mit Bohemians und stylishen Familien auf der Suche nach Neuheiten junger Designer und anschließendem Mimosa-Brunch in heimelig-edler Atmosphäre. „Vor fünfzehn Jahren herrschte auf der Main Street ziemlich tote Hose", erinnert sich Kildare Curtis, der seinen Kleiderladen Eugene Choo lange vor dem großen Hipster-Ansturm eröffnet hat. „Keine

Adressen

. . . .

Vancouvers Hotspots für Kunst, Design und Kulinarik:

Vancouver Biennale: verschiedene Standorte, z. B. Granville Island, vancouverbiennale.com
Or Gallery, 236 E. Pender Street, www.orgallery.org
Blim, 115 E. Pender Street, blim.ca
8EAST, 8 E. Pender Street, www.8east.ca
Gallery Gachet, 9 W Hastings St, https://gachet.org
Eugene Choo, 3683 Main Street, eugenechoo.com
Much & Little, 2543 Main Street, muchandlittle.com
Burdock & Co, 2702 Main Street, burdockandco.com
The Arcorn, 3995 Main Street, www.theacornrestaurant.ca
Smitty's Oyster House, 3124 Main Street, smittysoyster housemainstreet.com

leichten Jahre. Aber rückblickend war es eine faszinierende Entwicklung vom hässlichen Entlein zum Schwan", lacht der charmante Kunstliebhaber, Sohn irischer Einwanderer, den es Anfang der 1990er-Jahre aus Calgary ins brodelnde Vancouver verschlug. Sein Laden, benannt nach seinem ältesten Freund aus Kindertagen, ist eine Mischung aus Mode, edler Kosmetik, Schmuck und Design.

Weiter nördlich haben die Freundinnen Sarah und Hannah mit Much & Little eine Anlaufstelle für Designfans geschaffen. „Wir beziehen die Produkte von lokalen und unabhängigen Designern, Traditionsmarken und Fair-Trade-Handwerkern – mit einem roten Faden aus durchdachter Handwerkskunst und zeitloser Anziehungskraft", sagt Sarah mit Blick auf die gerade eingetroffenen Keramikblumentöpfe von Kalika Bowlby. Ein roter Faden, der sich auch durch die Kulinarik von SoMa zieht.

FRISCH VOM BAUERN
Wenn Andrea Carlson von Gemüse und Fleisch erzählt, das ihr die örtlichen Bauern frisch geliefert haben, klingt sie fast wie eine Galeristin, die von ihren neuen Errungenschaften des angesagtesten Künstlers spricht: „Ahhh, die französischen Frühstücks-Rettiche von Sole Food, einer Urban-Farm-Organisation, sind einfach aromatisch. Und die Würste von der Blue Sky Farm! Nicht von dieser Welt! Aber am unglaublichsten schmecken gerade die Artischocken von der Glen Valley Farm. Wir rösten sie, gewürzt mit wildem Gerberstrauch, über Holzkohle und servieren sie mit einer Walnuss-Braune-Butter-Sauce." Und schon verschwindet sie in ihrer Küche im SoMa-Highlight Burdock & Co.

Überhaupt hat sich SoMa zu einer kulinarischen Oase entwickelt: Das vom Guide Michelin empfohlene The Arcorn ist die Top-Adresse für Vegetarier, Smitty's Oyster House für Fischliebhaber. Wer Deftiges mag, wird die minimalistische Scheunenatmosphäre von Burdock & Co lieben. Wenn sich der Tisch unter duftender Pasta mit Fenchel-Ragout-Mix oder geschmorter Rinderbacke mit Lauch und Kirsch-Oliven-Dressing biegt, ist klar, warum.

METROPOLE DER LÄSSIGKEIT

Greencouver, Hollywood North, Hongcouver, Rainy City … Vancouver hat viele Spitznamen und in jedem steckt ein bisschen Wahrheit. Vor allem aber ist die Metropole mit ihrer imposanten Kulisse aus Bergen und Wasser eine Augenweide – und bietet ganz nebenbei viel Kunst, Kultur, Entspannung und charmantes Flair.

Allgemein

GESCHICHTE

1791 vom Spanier José María Narváez entdeckt, waren es die Briten, allen voran Kapitän George Vancouver, die ein Jahr später mit der europäischen Besiedlung des Burrard Inlets begannen. Dank Goldrausch, Pelz- und Holzhandel etablierte sich im 18. Jh. eine Siedlung namens Gastown, die mit dem Bau der transkontinentalen Eisenbahn im April 1886 den metropolitaneren Namen Vancouver erhielt; im Juni brannte die junge Stadt komplett nieder. Der Blick ging nach vorn: Vancouver wurde neu aufgebaut und schnell die Boom-City am Pazifik. Anfang des 19. Jh.s sorgte die Eröffnung des Panamakanals (1915) für wirtschaftliche Impulse, im gleichen Jahr öffnete die University of British Columbia (UBC) ihre Tore. Die Expo 1986 rückte die Stadt ins internationale Rampenlicht, und die Rückgabe Hongkongs an China 1997 bescherte einen neuen Einwanderungsschub aus Asien. Die mit viel Euphorie ausgetragenen Olympischen Winterspiele von 2010 brachten nicht nur viel Lob, sondern auch neue Hotels, Sportanlagen und eine Verbesserung der Nahverkehrsmittel mit sich.

INFORMATION

Tourism Vancouver Info Centre, Plaza Level, 200 Burrard Street, Tel. +1 604 683 20 00, www.tourismvancouver.com

Sehenswert

In Vancouver findet man sich rasch zurecht, im Downtown-Kern ist alles fußläufig. Orientierungshilfe: Die von fast überall sichtbaren Coast Mountains liegen im Norden. Guter Ausgangspunkt ist der ❶ **Canada Place** (999 Canada Pl., www.canadaplace.ca) mit seinem markant-zackigen Dach, hier kann man an einem Stand des Visitor Centers Infos zur Stadt einholen. Im Sommer finden am Wasser Konzerte und Open-Air-Kino statt. Südl. davon an der Burrard Street steht das ❷ **Marine Building** (355 Burrard St.). 1930 erbaut, eines der schönsten kanadischen Art-déco-Gebäude, heute umrahmt von Skyscrapern. Entlang der Hastings Street geht es auf den ❸ **Vancouver Lookout** am Harbour Centre (555 W. Hastings St., www.vancouverlookout.com; tgl. 10.00 bis 18.00 Uhr). Der Glasaufzug braucht 40 Sekun-

Im Pavillon der Expo '86 mit der markanten geodätischen Kuppel ist TELUS Science World zu Hause.

den zur ufoartigen Plattform in 168 m Höhe, wo der beste Rundumblick wartet. Über das Kopfsteinpflaster der Water Street schlendernd, ist die ❹ **Steam Clock** (Water/Gambie St.) nicht zu übersehen – es bildet sich immer eine große Menschentraube um die alte Uhr, die alle 15 Minuten den Westminsterschlag spielt. Am ❺ **Maple Tree Square** verbirgt sich eines der frühesten Gebäude Vancouvers, Gaoler's Mews, in dem das erste Stadtgefängnis untergebracht war. Südöstlich rund um die Pender Street breitet sich ❻ **Chinatown** aus. Der Weg von Gastown ins Asia-Viertel geht über die East Hastings Street. An der einstigen Problemmeile siedeln sich immer mehr Bars und Restaurants an. Kleine Oasen im Gewusel der Marktstände mit Ingwer und getrockneten Fischen sind das ❼ **Chinese Cultural Centre** (555 Columbia St., cccvan.com) und vor allem der malerische **Dr. Sun Yat-Sen Classical Chinese Garden** (578 Carrall St., www.vancouverchinesegarden.com) gleich um die Ecke. Noch mehr Chinatown gibt es beim **T&T Supermarket** (Keefer St. Ecke Taylor St.). Dann gilt es, dem Asia-Viertel den Rücken zu kehren und nach Westen entlang der Dunsmuir Street Richtung Downtown zu laufen und in die Hamilton Street einzubiegen zum **Queen Eli-**

zabeth Theatre (650 Hamilton St., vancouvercivictheatres.com), wo westl. gegenüber die von Mosche Safdie konstruierte ❽ **Vancouver Public Library** (350 W. Georgia St., www.vpl.ca) thront. Der kolosseumartige Rundbau wurde 1995 eröffnet. Entlang der West Georgia Street gen Westen wartet Ecke Howe Street die ❾ **Vancouver Art Gallery** (750 Hornby St., www.vanartgallery.bc.ca). Einen Block weiter erinnert das einst von der Canadian Pacific Railway erbaute **Hotel Vancouver** (900 W. Georgia St.) an die Blütezeit der Eisenbahn. Gegenüber bewahrt sich die ❿ **Christ Church Cathedral** (690 Burrard St., thecathedral.ca) seit 1895 ihren Platz in der sich ständig verändernden Stadt. Sollte gerade ein Chorkonzert auf dem Programm stehen: Die Akustik ist legendär. Auf der parallel verlaufenden ⓫ **Robson Street** tobt im West End das pralle Leben: Schicke Geschäfte wechseln sich mit Cafés und Konditoreien ab, im Sommer sitzt alles beim Espresso Macchiato auf den Terrassen. Ruhe und Entspannung kehrt dann wieder in den Parks und Stränden am ⓬ **Sunset Beach** und am pittoresken ⓭ **English Bay Beach** ein. Hinter dem Sandstrand ragen die wohl teuersten Apartmentgebäude der Stadt auf. Die ⓮ **Denman Street** wird von Snackbars,

Cafés und Bikeshops gesäumt – perfekt, wenn man sich für ein Picknick eindecken will oder ein Rad für eine Runde im nahen **Stanley Park** ausleihen möchte. Ab jetzt wird es nur noch grün mit sanften Hügeln und berauschendem Ausblick, aber auch mit einigen Sehenswürdigkeiten wie den 15 **Totempfählen**, die im 19. und frühen 20. Jh. von Angehörigen verschiedener First-Nations-Stämme der Westküste geschnitzt wurden. Jeden Abend um 21.00 Uhr wird die 16 **9 O'Clock Gun** an der Seawall Promenade gezündet. Perfekt für ein paar Panoramamotive der im Dunkeln glitzernden Skyline.

Etwas quirliger geht es im 17 **Vancouver Aquarium** (www.vanaqua.org; tgl. 9.30–17.00 Uhr) mit über 50 000 Wasserkreaturen zu. Für **Yaletown**, das Viertel südlich von Downtown, hat sich der Name „Vancouvers SoHo" eingebürgert. In den einstmals leer stehenden und nun schön renovierten Lagerhallen und -häusern haben sich in den vergangenen Jahren Restaurants, Galerien, Desginläden und Bars angesiedelt. Unter der Brücke im Südwesten wartet 18 **Granville Island** TOPZIEL. Am schönsten ist es, die Minifähre (granville islandferries.bc.ca) zu nehmen. Auch wenn die Überfahrt nur fünf Minuten dauert, ein bisschen fühlt es sich wie Urlaub von der Großstadt an. In der **Markthalle** findet man Obst, Gemüse, Crêpes oder deftige Sandwiches, aber auch Seifen, Schmuck und viel Kunst. Überhaupt hat sich das einst so verwahrloste Sorgenkind zum wahren Künstlerquartier gemau-

Tipp

Unschärfe beabsichtigt

Beim ersten Hinschauen kneift man die Augen zusammen, doch der Killerwal, der am Coal Harbour in die Luft springt, wird einfach nicht schärfer. „Digital Orca" heißt die pixelig wirkende Skulptur am Jack Poole Plaza zwischen Convention Center und Cactus Club Café. Kein Geringerer als „Generation X"-Autor und Künstler Douglas Coupland schuf den 3-D-Riesen 2009 aus schwarzen, weißen und grauen Würfeln. Durch 950 LED-Lichter leuchtet der Orca nachts vor dem beeindruckenden Berg-und-Wasser-Panorama.

sert. Mit der Sanierung entstanden Galerien, Shops, Restaurants und Bars. Das angrenzende **„Sea Village"** ist eine kleine Gemeinde von Hausbooten, auf denen Künstler und Musiker leben. Über die Granville Bridge gelangt man ans Südufer des False Creek. Im vorgelagerten 19 **Vanier Park** gibt es spannende Museen, aber auch Freilichtkunst. Im Park selbst stehen mehrere moderne Skulpturen. **Kitsilano**, die Nachbarschaft südwestlich davon, ist vor allem am Abend eine beliebte Ausgehecke mit lässigen Bars. Für einen Spaziergang am Tag bietet sich im Südosten **SoMa** mit Boutiquen und Cafés an. Auf dem Weg dahin lohnt sich ein Abstecher zum **Van Dusen Botanical Garden** (5251 Oak St., www.vandusengarden.org) mit seiner bunten Farbenpracht. Der große **Queen Elizabeth Park** ist von hier nur ein paar Blocks entfernt.

MUSEEN

Etwa 20 Minuten außerhalb auf dem Universitätsgelände zeigt das **Museum of Anthropology** TOPZIEL (6393 NW Marine Dr., https:// moa.ubc.ca; zzt. im Umbau; aktuelle Öffnungszeiten s. Website) Vancouvers größte Sammlung von First-Nations-Kunst mit Artefakten der Haida-Kultur, Totempfählen und Alltagsgegenständen. Im 19 **Vanier Park** gibt es mehrere Museen: Vor dem **Vancouver Maritime Museum** (1905 Ogden Ave., www.vancouver maritimemuseum.com; Di.–So. 10.00–17.00 Uhr) ankert die „St. Roch", die 1944 als erstes Schiff die Nordwestpassage bezwang. Nebenan lockt das **MacMillan Planetarium** (1100 Chestnut St., www.spacecentre.ca; tgl. 9.30–16.30, Mi./Fr. bis 23.30 Uhr). Die Stadtgeschichte steht im **Museum of Vancouver** (1100 Chestnut St., www.museumofvancouver. ca; tgl. 10.00–17.00, Do.–Sa. bis 20.00 Uhr) im Mittelpunkt. Im 7 **Chinese Cultural Centre** (555 Columbia St., cccvan.com; Di.–So. 11.00–17.00 Uhr) dreht sich alles um Asien. Downtown präsentiert die 9 **Vancouver Art Gallery** (750 Hornby St., www.vanartgallery.bc.ca; Mi.–Mo. 10.00–17.00, Do./Fr. bis 20.00 Uhr) u. a.

Capilano Suspension Bridge (links); „The Raven and the first men", Museum of Anthropology

Werke der kanadischen Künstlerin Emily Carr. Einst für die Expo '86 gebaut, entfaltet sich im Osten unter der schimmernden Kuppel des 20 **TELUS Science World Museum** (1455 Quebec St., www.scienceworld.ca; tgl. 10.00 bis 17.00 Uhr) eine Welt der Wissenschaft.

Einkaufen

Möglichkeiten, den Geldbeutel zu erleichtern, gibt es reichlich. Schicke Geschäfte finden sich entlang der **Robson Street**. Beliebte **Einkaufszentren** sind die Granville Street Mall, The Bay (674 Granville St., im Pacific Centre), das Park Royal Shopping Centre (2002 Park Royal St.) in West Vancouver sowie das Harbour Centre (555 Hastings St.) mit Feinkostläden im Untergeschoss. Exotische Genüsse warten in **Chinatown**, am buntesten ist die Frische-Auswahl im 18 **Granville Island Public Market** (tgl. 9.00–18.00 Uhr).

Entlang der Water sowie zwischen Richards und Columbia Street in **Gastown** werden Souvenir-, Kunst- und Antik-Jäger fündig. Aber auch mit individuelleren Boutiquen wie dem **One of A Few** (354 Water St., www.oneofafew. com) glänzt Gastown. Entlang der Mainland Avenue in Yaletown reihen sich ebenfalls kleinere Shops aneinander, z. B. mit Accessoires wie bei **Fine Finds** (1014 Mainland St., www. finefindsboutique.com). An der Main St. findet man lässige und ausgefallene Mode in Geschäften wie **Woo To See You** (3671 Main St., wootoseeyou.com) oder **Nouvelle Nouvelle** (3634 Main St., www.nouvellenouvelle.com).

Veranstaltungen

Klassik und Ballett gibt es im **Queen Elizabeth Theatre** (650 Hamilton St., vancouver civictheatres.com). Das Vancouver Symphony Orchestra spielt im **Orpheum** (601 Smithe St., vancouvercivictheatres.com/venues/orphe um), Rock- und Pop-Fans werden das **Vogue Theatre** (918 Granville St., www.voguetheatre. com) oder das **Roxy** (932 Granville St., www. roxyvan.com) lieben. Das **Bard on the Beach Shakespeare Festival** (Juni–Ende Sept., www.bardonthebeach.org) ist ein Höhepunkt des Theatersommers in weißen Zelten am

Vanier Park. Stadionstimmung (Sport und Konzerte) gibt es im **BC Place Stadium** (777 Pacific Blvd., www.bcplace.com). Dies ist auch das Zuhause des Football-Teams BC Lions und der Fußballmannschaft Vancouver Whitecaps. Sie spielt in der Major League Soccer.

Hotels und Restaurants

HOTELS

Luxus eingebettet in die Downtown-Skyline: € € € € **Shangri-La Hotel** (1128 W Georgia St., Tel. +1 604 689 11 20, www.shangri-la.com).
Business-Schick in zentraler Innenstadtlage bietet das € € € **Coast Coal Harbor Hotel** (1180 W Hastings St., Tel. +1 604 697 02 02, coasthotels.com).
Schick, hell und mitten in Yaletown schläft es sich im € € **Hotel Blu & Residences Vancouver** (177 Robson St., Tel. +1 604 620 62 00, www.hotelbluvancouver.com).

RESTAURANTS

Lässig und urig geht es im € **Six Acres** direkt am Maple Tree Square zu (203 Carrall St., Tel. +1 604 488 01 10, www.sixacres.ca).
Das € € **Seasons in the Park** (Tel. + 1 604 874 80 08, www.vancouverdine.com) auf dem Hügel bietet neben gutem Essen auch einen grandiosen Ausblick.
Perfekt für einen Bio-Burger oder Quinoa-Salat ist das € € **MeeT** (12 Water St., Tel. +1 604 688 33 99, www.meetonmain.com).
Für die Cocktailstunde empfiehlt sich ein Platz unterm beleuchteten Baum des € € **Reflections: The Garden Terrace** (801 W Georgia St., Tel. +1 604 673 70 43, rosewoodhotels. com) – perfekt zum Leutegucken.
Moderne kanadische Bistro-Küche wird im € € **Flying Pig** (1168 Hamilton St., Tel. +1 604 568 13 44, www.theflyingpigvan.com) in Yaletown serviert, die Cocktails sind ebenfalls klasse.
Eine lässigere Alternative zu den Gourmetrestaurants von Yorkdale ist das € € **Parlour** (1011 Hamilton St., Tel. +1 604 568 33 22, www.theparlourrestaurants.com) mit Pizzas und deftigen „to share"-Platten.

Umgebung

Über die Lions Gate Bridge geht es zur 140 m langen und 70 m hohen **Capilano Suspension Bridge** (3735 Capilano Rd, North Vancouver, www.capbridge.com). Am Ende der Capilano Road fährt eine Seilbahn auf Vancouvers Hausberg hinauf, den **Grouse Mountain**. Auf dem Highway 99 wiederum geht es zur Horseshoe Bay, wo die Fähre zur **Sunshine Coast** ablegt. Einen Besuch lohnt der kleine Ort **Gibons** mit netten Galerien und Restaurants. **Sechelt** ist das kulturelle Zentrum des Sechelt-Stammes, im Museum der Ortschaft erfährt man mehr zur Kultur. Der **Saltery Bay Provincial Park** wartet mit üppiger Vegetation auf sowie dem Ort **Lund**, einem Hotspot für Angler. Zwei Autostunden entfernt (80 km) liegt der Wintersportort **Whistler** (s. S. 67).

IM PADDELPARADIES

Früh am Morgen legt sich leichter Nebel über die North Shore von Vancouver. Das Wasser unter dem Kajak ist spiegelglatt. Es herrscht perfekte Ruhe. Ein Kajaktrip in Deep Cove entspannt herrlich alle Sinne.

Der kleine Seehund will gar nicht wieder abtauchen. Fasziniert starrt er unsere bunten Kajaks an, der Kopf ragt keck aus dem Wasser. Nach gut fünf Minuten Posieren für unsere Kameras gleitet er elegant weg. Ein Kajaktrip im Kaltwasserparadies von Deep Cove ermöglicht eine wunderbar ruhige Auszeit von der Großstadt, und das, obwohl man nur 30 Autominuten von der Metropole entfernt ist. Vorbei an dichten Tannenwäldern, die die Ufer der lang gezogenen schmalen Bucht säumen, gleitet man in der ätherischen Stille der Natur über das spiegelglatte Wasser. Alles scheint hier irgendwie intensiver zu sein: das Blau unter uns, das dunkle Grün der Bäume und das silbern schimmernde Grau der Granitfelsen.

Die Umgebung von Vancouver und das vorgelagerte Vancouver Island (Bild: Uculelet) bieten die herrlichsten Paddelparadiese.

Entlang des Indian Arm paddeln wir vorbei an acht kleinen Inseln im Südteil der Bucht. Der Nordteil beginnt hinter Best Point. Auch wenn die Arme irgendwann etwas schwer werden, die Entdeckungstour wird mit den beeindruckenden Granite Falls belohnt, und wer sich traut, kann eine schnelle Dusche unter den kalten Fällen nehmen. Auf dem Weg zurück werden wir wieder begleitet, diesmal von einem elegant über uns schwebenden Adler. Das Deep Cove Canoe & Kajak Centre befindet sich in einem kleinen Ort, wo man nach dem Trip neue Kräfte in den Restaurants tanken kann.

Verleih Kajak und Ausrüstung: Deep Cove Canoe & Kajak Centre, 215 Banbury Rd., North Vancouver, Tel. + 1 604 929 22 68, www.deepcovekayak.com

Verleihdauer: 2 Std. bis mehrere Tage

Preis: ab 45 CAD, geführte Touren, z.B. 2-stündige Explorer Tour: 79 CAD/Pers. (April–Okt.), oder die Full Moon Tour: 95 CAD

Vancouver Island

*

INSEL DER GEGENSÄTZE

*

Verlassene Sandstrände, steile Felsklippen, mystische Regenwälder und idyllische Surfer-Buchten, dann wieder Stadtflair neben Fischerdorf-Atmosphäre: Vancouver Island ist eine Mischung aus draufgängerisch und lässig, naturbelassen und schick. Und genau das macht die Insel so charmant und spannend.

Das soll Kanada sein? Genau – und zwar der kilometerlange Chesterman Beach beim Städtchen Tofino.

"Storms are Welcome" steht auf dem kleinen Holzschild, das am Chesterman Beach im Sand steckt. Wo andernorts Stürme, hohe See und peitschender Wind als lästig oder gefährlich gefürchtet werden, umarmt das kleine Örtchen Tofino solche wilden Launen der Natur mit Begeisterung. „Stormwatching" nennt sich der neue Trend im windigen, aber milden Winter auf Vancouver Island. Der Mangel an Bergen und Schnee wird so durch einen anderen „Wintersport" ersetzt. Touristen kommen, quartieren sich in den Hotels mit Blick auf die felsigen Klippen ein, zücken Kameras oder Ferngläser und rufen sich begeisterte „Ohs" und „Ahs" zu, sobald eine besonders große Welle auf die grauen Felsen kracht und meterhohe weiße Gischt in die Luft versprüht.

DER RICHTIGE ABSTAND ZU VANCOUVER

Nicht dass Vancouver Island Outdoor-Trends erfinden müsste! Ganz im Gegenteil: Die vorgelagerte Insel, 45 Minuten entspannte Fährfahrt von Vancouver entfernt, bezirzt durch Naturvielfalt und eine berauschend rohe Schönheit. Wer die knapp 460 Kilometer Länge von Ost nach West abfährt, wird an Sandstränden, verlassenen Seen, aber auch gigantischen, 800 Jahre alten Wäldern vorbeikommen. Auf einer Fläche so groß wie die Niederlande hat sich ein beliebtes

Oben: Das Meer tost und donnert bei Ucluelet an die Felsen. Mitte: Scheues Wild versteckt sich im Grün des Pacific Rim National Park Reserve.

STRÄNDE, SEEN, ALTE WÄLDER: GANZ KANADAS NATUR AUF EINER INSEL

Naherholungsgebiet für betuchte Vancouverites entwickelt, die zum Surfen nach Tofino oder Ucluelet kommen. Internationale Touristen finden hier die volle Bandbreite der kanadischen Natur, ohne meilenweit mit dem Wohnmobil durchs Land fahren zu müssen. Und die Inselbewohner selbst? Die klopfen sich auf die Schultern, weil sie nah und doch genau weit genug weg sind von der Big City Vancouver sind.

Surfen! In Tofino lernt man bei Könnerinnen der „Surf Sister Surf School" (Bild S. 42 unten), wie's geht. Und dann ab an den Long Beach (oben) im Pacific Rim National Park oder an den Strand der Florencia Bay (unten)!

Rechts: Der kleine Park oberhalb des Hafens von Tofino bietet einen tollen Ausblick aufs Meer.

Unten: Baumgiganten im Regenwaldareal des Botanischen Gartens von Tofino

Oben: Glückliche Lachsfischer am Crab Dock in Tofino

Links: Das Beste aus dem Meer kommt frisch auf den Teller wie diese Austern.

Ucluelet: Kurze Lagebesprechung, bevor die Exkursion mit dem Kajak beginnt.

Der Strand bei Ucluelet gehört nicht allein den Surfern und Kanuten, Wasservögel suchen im weichen Schlick nach Nahrung.

BEI DEN TRADITIONELLEN POTLACHES, DEM „FEST DES SCHENKENS", WURDE MIT DONNERVOGEL-, ORCA- UND ADLERMASKEN GEFEIERT.

WARTEN AUF DIE PERFEKTE WELLE

„Morgens zur perfekten Welle mit dem Surfbrett zu schwimmen, für Kanada ist das ziemlich hot", sagt Jesse, der im Long Beach Surf Shop wahlweise Vinyl-Platten oder Longboards verkauft. Der 20-Jährige ist auf Vancouver Island geboren und passt mit seinen blonden Locken perfekt in die Surferszene, die am Nachmittag auf der Skateboardbahn im Ort Tricks übt.

Der Ansturm der vergangenen Jahre hat aus dem beschaulichen Örtchen ein Bohemian-Beach-Paradies gemacht. Kleine Bioläden, schicke Restaurants und bunte Cafés sind beliebte Treffs. Die Einsamkeit der Natur ist aber nur einen Schritt entfernt, die First-Nations-Traditionen der früheren Inselbevölkerung auch. Dies belegt die Eagle Art Gallery, die in einem Longhouse im Ort Kunstwerke von Roy Henry Vickers zeigt.

EINMARSCH DER WEISSEN

Lange bevor George Vancouver 1792 die Insel begutachtete, hatten die Nootka und Salish in mächtigen Langhäusern gelebt. Die hochstehenden Kulturen bauten riesige Totempfähle und „Dugout"-Kanus und unterhielten dank des Fischreichtums ein dichtes Handelsnetz bis nach Alaska. Bei den traditionellen Potlaches, dem „Fest des Schenkens", wurde mit Donnervogel-, Orca- und Adlermasken diese Fülle gefeiert. Mit den weißen Siedlern kamen um 1900 aber Missionare und Alkohol auf die Insel. Victoria war einst Provinzhauptstadt. James Douglas errichtete Fort Victoria 1843 als Pelzhandels-Außenstelle der Hudson's Bay Company. Der Ort wuchs, dem Goldrausch sei Dank. Vor allem Einwanderer aus Schottland und Irland fanden hier eine zweite Heimat. Der Zusammenschluss mit dem Festland zu British Columbia folgte 1866.

BEQUEMER SÜDEN, RAUER NORDEN

Heute leben gut 864000 Menschen auf dem lang gezogenen Streifen, der von gerade mal zwei Straßen durchquert wird. Über 90 Prozent der Bevölkerung haben es sich im flacheren Süden bequem gemacht. Der Norden entlang des Campbell Rivers ist malerisch rau, ein Paradies für Angler – oder Schriftsteller. Der nur 20 Seelen zählende Ort Telegraph Cove beispielsweise gilt als beliebtes Ziel für Ruhe suchende Autoren. Den Westen wiederum, durchfurcht von tief ins Land schneidenden Fjorden, prägen überirdisch wirkende Regenwälder und eine mystische Leere. Im Landesinneren ziehen sich zerklüftete Gebirgsketten mit Bergseen und Wasserfällen durch Provincial Parks wie den Strathcoma.

Victorias Hafen mit dem Parlament links im Hintergrund, dessen Kuppel in der Abendsonne leuchtet.

KLEIN-ENGLAND-FLAIR

Im Osten wird man mit Dudelsackgedudel und dem geschäftigen Treiben von British Columbias Hauptstadt langsam wieder zurück in die Zivilisation geholt. Victoria wirkt wie die zum Leben erwachte Puppenhausversion einer britischen Kolonialstadt, vor allem unten am Hafen. Dort thront das am Abend bunt angestrahlte Parlament in seiner pompösen Breite am Hang, darunter schaukeln die weißen Segelschiffchen und Boote in der Bucht. Schräg gegenüber sitzt, kein bisschen weniger majestätisch, das Empress Hotel. Vielleicht eine Runde High Tea gefällig? Im Empress Room hält man sich noch penibel an die britischen Teezeremonien.

Doch Victoria kann auch cool: Hinter Chinatown entsteht eine hippe und kunstfreudige Szene mit Cafés, Shops und Galerien. Die Fahrt zurück zur Swartz Bay oder nach Nanaimo geht sodann vorbei an schicken Häuseranlagen und Bungalows mit penibel gestutzten Hecken und Vorgärten. Das milde Klima sorgt für Blütenpracht, nicht nur in den vielen botanischen, chinesischen und städtischen Gärten. Der Titel „The Garden City" kommt nicht von ungefähr, ebenso wenig wie der Spitzname „Wartezimmer Gottes": Vancouver Island gilt als Lieblingsort für Ruheständler.

„Spooky" Victoria

„Charlie Kincaid kommt oft an diesen Platz zurück, nachts bei Nebel – und manche haben sogar Belle Adams gesehen."
Ein leichtes Raunen geht durch die Gästerunde, denn es ist auch jetzt Abenddämmerung, und Nebel zieht den Market Square entlang. Charlie und Belle sind keine verliebten Teenager, sondern lebten 1898 in der Stadt, bis Belle ihrem Liebsten aus Eifersucht die Kehle durchschnitt.
Bei den Ghostly Walks der Historikerin Kate bekommt man beim Gang durch die Hintergassen einen anderen Blick auf Stadtgeschichte, Charaktere und Schicksale. Am Old Burying Ground wandle der Geist von „Soap and Water Johnson" oft zwischen den alten Grabsteinen umher. „Er hatte sich 1861 das Leben genommen und wurde deshalb nicht auf dem Friedhof beerdigt." Kate geht weiter in Richtung Empress Hotel, wo Arbeiter sich jahrelang weigerten, das oberste

Stadtgeschichte mit Gruselfaktor

Stockwerk wegen eines Poltergeists zu betreten. „Oder dort, in den Parliament Buildings, wird oft der Architekt des Gebäudes Francis Mawson Rattenbury gesehen – 1935 vom Liebhaber seiner Frau ermordet." Kate, die die Walking-Tour seit 15 Jahren anbietet, hat sichtlich Spaß am Erzählen und Schauspielern, und fürs Publikum ist Gänsehaut garantiert (www.ghostlywalks.com).

Special

Hatley Castle bei Victoria ist von einem üppigen Park umgeben.

Rosa und violett, gelb und grün – strahlende Frühlingsboten in Victoria

Hier wirkt ein grüner Daumen: Herausragende Gestaltung und enorme Pflanzenpracht machen die 1904 gegründeten Butchart Gardens bei Victoria zum schönsten Garten Kanadas.

Die feinsten Genüsse

FRISCHER GEHT'S NICHT

Die Naturnähe des kanadischen Westens ist auch in der kulinarischen Szene zu spüren: Der Begriff „farm to table" ist etabliert, d. h., immer mehr Restaurants bringen Frisches direkt aus dem eigenen Garten, vom lokalen Bauern oder dem Fischer auf den Teller. Es schmeckt dementsprechend intensiv. Gebacken und gebraut wird auch.

❷ Farm-to-Table

Man läuft schnell vorbei am kleinen Farmer's Apprentice – wäre da nicht der delikate Duft, der bis auf die Straße zieht. Schon das täglich gebackene Sauerteigbrot – serviert mit Hähnchen-Asiento – ist ein aromatischer Leckerbissen. Farm-to-Table, ein allgemeiner Trend in Kanada (Bild), ist für Chefkoch Alden Ong eine Lebenseinstellung: Alles, was hier auf dem Teller landet, ist von lokalen Erzeugern. So sind die Rinderbäckchen mit Nouc Cham und Sunchoke-Kimchi ebenso ein Gedicht wie der Kartoffelsalat mit Chili-Miso-Tamarind-Vinaigrette.

Farmer's Apprentice,
1535 6th W Ave., Vancouver,
Tel. +1 604 6 20 20 70, https://
farmersapprentice.ca

❸ Kochen mit Feuer

Feuer hat Kaelhub Cudmore schon immer fasziniert, vor allem Lagerfeuer. Das gemütliche Zusammensitzen an den Stränden von Vancouver Island, das Aroma von über dem offenen Feuer Gegrilltem, liebt er besonders. Beides verschmelzt der Küchenchef in Tofinos heißestem Restaurant-Neuzugang „Roar". Die holzbefeuerte Küche ist geprägt von der Natur und brennender Kohle, fast jedes Gericht brutzelt auf dem spanischen Mibrasa-Grill. Cudmores Fokus liegt auf der Einfachheit des Kochens mit Feuer – die besten Zutaten stehen im Mittelpunkt. Der frische Fisch wird von lokalen Fischern der First Nations auf traditionelle Weise gefangen und am selben Tag geliefert. Ein Highlight ist der Burger aus Rinderhack zwischen hausgemachten Kartoffelbrötchen, der durch Schweinsgrieben und gerösteten Knoblauch-Aioli eine einzigartige Note erhält. Und natürlich sind auch die Cocktails mit rauchigen Noten versehen – am besten auf der gemütlichen Terrasse genießen, am Lagerfeuer.

Roar,
1258 Pacific Rim Highway,
Tofino, Tel. +1 250 725 7627,
https://roartofino.com

❶ Gut gerollt!

Der Japaner Tojo hat der urbanen Legende nach die California-Roll erfunden – nicht in Kalifornien, sondern in Vancouver. In seinem beliebten Restaurant schneidet, hobelt und rollt der immer gut gelaunte und enorm energiegeladene Tojo wie ein Derwisch Fisch, Gemüse und Reis zu kleinen Sushi-Wunderwerken – und unterhält ganz nebenbei noch alle Gäste an der Bar vor ihm. Seine frischen Zutaten holt der passionierte Chef in den frühen Morgenstunden selbst auf dem Markt ab.

Wie es sich für einen Starkoch gehört, sitzen regelmäßig Berühmtheiten am Holztresen und bestellen Omakase: Auch Johnny Depp, die Rolling Stones und David Beckham waren bereits hier. Besonderes Highlight sind Tojos Gerichte mit Königskrabben aus dem nahen Alaska, Saison ist zwischen Oktober und Januar.

Tojo's,
1133 West Broadway,
Vancouver,
Tel. +1 604 8 72 80 50,
www.tojos.com

Map

Polarkreis

Yukon

Northwest Territories

Nunavut

White-horse

Yellowknife

KANADA

PAZIFISCHER OZEAN

Hudson Bay

British Columbia

Alberta

Saskat-chewan

Manitoba

Ontario

Vancouver Island

Edmonton

Saskatoon

Victoria

Vancouver

Calgary

Regina

Winnipeg

USA

④ Einfach süß

Giselle Courteau und Garner Beggs brachten die Idee für eine edle Konditorei von ihrem Aufenthalt im fernen Japan mit. Dort hatten sie monatelang die mit viel Präzision kreierten Stücke japanischer Schokokünstler bestaunt und sich durch die Vielfalt getestet. Ihre eigenen Versionen der Törtchen, Macarons und Croissants fanden so ihren Weg nach Edmonton. Und der Plan ging auf, die Gäste drängeln sich vor der hübschen, weitläufigen Pâtisserie, in der die handgefertigten Süßigkeiten weggehen wie anderswo die warmen Semmeln.

Wer vom delikaten Süßkram zu feinen Eigenkreationen inspiriert wird (oder ein Mitbringsel sucht): Der Shop führt auch eine eigene Zutatenserie namens „Provisions" mit Schokolade, Backutensilien und Marmeladen. Und wer in Edmonton in den Sommermonaten Zeit und Muße sowie eine Ader fürs Backen hat, sollte unbedingt einen Tortenkurs belegen.

Duchess Bake Shop, 10718–124 Street NW, Edmonton, Tel. +1 780 488 49 99, www.duchessbake shop.com

⑤ Retro Asian Style

Ein seltsames Paar (Odd Couple) sind Andy und Rachel Yuen eigentlich nicht – den Namen fanden sie für ihr Restaurant aber passend, schon allein, weil sie eigentlich nicht aus der Restaurant-Szene kommen. Andy ist Ingenieur, seine Frau Buchhalterin. Das Kochen hat beide aber lebenslang begleitet und fasziniert. Ihr Antrieb, eine moderne Interpretation der kanadisch-asiatischen Küche zu kreieren, geht im Odd Couple mit deftigen wie delikaten Gerichten vollends auf. Inspiriert von kantonesischen, vietnamesischen und japanischen Kochtechniken und Zutaten, schwebt ein Hauch Prärie durch das gemütliche, im Retro-Style gehaltene Restaurant. Mit ihrer Bandbreite von Shrimp-Mango-Salat-Rollen über gebratenen Reis mit Speck und Spiegelei bis hin zu Limetten-Hühnerstreifen mit Kokosnuss-Reis sorgen die Kreationen der Yuens für ein einzigartiges Geschmackserlebnis – serviert mit Eleganz und Raffinesse.

Odd Couple, 228 20th St W, Saskatoon, SK S7M 0W9, https://oddcouple.ca

⑥ Frisch vom Fass

Vom Eigengebrauch zum Lieblingstrunk der Locals: Was mal als Hobby von Jeff und Graham in der heimischen Küche gebraut wurde, wird heute in den riesigen silbernen Braukesseln mitten in der Tool Shed Brewing Company produziert. Im weitläufigen Raum mit viel Holz sitzt es sich gemütlich – man kommt hier bestens mit den Einheimischen in Kontakt. Und: Die bunt designten Bierdosen geben ein prima Mitbringsel ab.

Tool Shed Brewing Company, 801 30 St. NE, Calgary, Tel. +1 403 775 17 49, toolshedbrewing.com

WALE, WÄLDER, WILDNIS — UND VICTORIA

Ob man nun wegen der einsamen Natur, dem coolen Surfer-Life oder dem hübschen Kleinstadtflair nach Vancouver Island kommt – man erhält das Gesamtpaket, abgerundet mit bunten Gärten und freundlicher Entspanntheit. Von Vancouver kommend, darf man mehrere Gänge herunterschalten.

❶ Victoria

Kolonialbauten, moderne Bürofassaden, alte Geschichte und neue Szene – die Hauptstadt der Provinz British Columbia ist pieksauber, kultiviert, charmant und cool.

SEHENSWERT

Der **Inner Harbour** ist der zentrale Mittelpunkt der Stadt – am Abend wird die Promenade angestrahlt. Immer im Blick: die **Parliament Buildings** TOPZIEL (501 Belleville St., www.leg.bc.ca; Mo.–Fr. 8.30–16.30 Uhr). Den 1897 fertiggestellten Prachtbau kann man auf eigene Faust oder im Rahmen einer kostenlosen Tour erkunden. Gegenüber erinnert das imposante **Empress Hotel** an alte Zeiten.

Tipp

Grüner Daumen

Die 22 ha großen, in Familienbesitz befindlichen Butchart Gardens rechtfertigen Vancouver Islands Titel „The Garden City": Was 1904 als privater Garten von Jennie Butchart begann, nahm bald riesige Ausmaße an: Unter anderem kreierte der japanische Landschaftsgestalter Isaburo Kishida 1907 bis 1912 den Ausbau. Sein versunkener Garten ist eine Augenweide, ebenso wie der Italienische Garten.

INFORMATION

800 Benvenuto Ave, Brentwood Bay, Tel. +1 250 652 52 56, www.butchart gardens.com; tgl. 9.00–17.00, Winter: bis 15.30 Uhr

MUSEEN

In der **Art Gallery of Greater Victoria** (1040 Moss St., www.aggv.ca; Di., Mi., Fr., Sa. 10.00 bis 17.00, Do. 10.00–21.00, So. 12.00–17.00 Uhr) warten über 20 000 Werke, darunter eine der größten asiatischen Kollektionen in Kanada sowie der einzige japanische Shintoschrein Nordamerikas. Während der Umstrukturierung der First Nations Gallery im **Royal British Columbia Museum** (675 Belleville St., www. royalbcmuseum.bc.ca; Mo.–Mi. 10.00–17.00, Do.–So. 10.00–18.00 Uhr) geben ausgewählte Exponate Einblick in die Kultur der Nordwestküstenstämme. Gleich nebenan steht das National Geographic Theatre mit IMAX-Kino (www. imaxvictoria.com). Das **Maritime Museum of British Columbia** (744 Douglas St.; www. mmbc.bc.ca; Di.–Sa. 10.00–17.00 Uhr) lässt Seefahrergeschichten und -zeiten wiederaufleben. Im **Emily Carr House** (207 Government St., www.carrhouse.ca) wurde Kanadas berühmte Malerin (1871–1945) geboren.

EINKAUFEN

Ein Szene-Viertel mit Bars und Boutiquen ist **Fernwood Village** nordöstlich von Downtown. Zentraler für Fans ungewöhnlicher Läden ist die **Fan Tan Alley** (zwischen Pandora und Fisgenard St., westlich von Government St.) Hier haben sich junge Designer mit Mode-, Schmuck- und Kunstkreationen niedergelassen. Noch etwas schicker ist der **Market Square** (www.marketsquare.ca). Das Backsteingebäude war in Goldrausch-Zeiten ein Marktplatz mit Saloons und Hotels. Heute findet man hier individuelle Designergeschäfte wie Violette Boutique (Schmuck, www.violette boutique.com), Still Life (Mode, stilllifeboutique. com) und Little Shop of Strange (witzige Kunst).

RESTAURANTS / HOTEL

Der Kaffee und die Snacks bei **€ Hey Happy** (560 Johnson St. 122, Tel. +1 250 590 96 80) machen tatsächlich extrem glücklich. Stände mit lokalen Produkten, eine Käsetheke und Restaurants reihen sich im 2013 eröffneten **€ Victoria Public Market** aneinander (1701 Douglas St., www.victoriapublicmarket. com; Mo.–Sa. 11.00–18.00, So. bis 17.00 Uhr). Das 2023 eröffnete Restaurant **€ € Good**

In der Johnson Street von Victoria

Ovening (799 Fort St., Tel. +1 778 440 43 43, www.goodovening.ca) verbindet gesunde Ernährung mit dem rustikalen Genusserlebnis eines Brathähnchens, einem koreanischen Touch und viel Gemütlichkeit.
Mit seinen vielen Pflanzen und den großen Fenstern strahlt das **€ € 10 Acres** (611 Courtney St., Tel. +1 250 893 58 16, 10acres.ca) pure Naturromantik aus. Auf den Teller kommen nur Zutaten von der eigenen Farm sowie frisch gefangener Fisch. Zwischen 15.30 und 17.00 Uhr gibt es die delikaten Cocktails zur Happy Hour günstiger.
In Laufnähe zum Parliament liegt das schicke, ruhige **€ € € Victoria Marriott Inner Harbour** (728 Humboldt St., Tel. +1 250 480 38 00, www.victoriamarriott.com).

UMGEBUNG

20 Minuten von Victoria in **Colwood** wartet die **Fisgard Lighthouse National Historic Site** (603 Fort Rodd Hill Rd., Victoria, https://www. pc.gc.ca/en/lhn-nhs/bc/fortroddhill; Mai bis 15. Okt. tgl. 10.00–17.00, 16. Okt.–30. April 10.00 bis 16.00 Uhr) mit malerischem Blick über die Esquimalt Lagoon. Der älteste Leuchtturm der Westküste (1860) sitzt auf einer Felsplatte über der See.

INFORMATION
Tourism Victoria, 820 Wharf St,
Tel. +1 250 953 20 33,
www.tourismvictoria.com

2 Duncan

Die Kleinstadt 50 km südlich von Victoria zählt knapp über 5000 Einwohner – und 80 Totems. In der „City of Totems" leben heute viele Nachfahren des Cowichan-Stammes, der die Gegend besiedelt hatte, bis die vom Goldrausch getriebenen weißen Siedler kamen.

MUSEEN

Das **Cowichan Valley Museum** (130 Canada Ave, Tel. +1 250 746 66 12, www.cowichanval leymuseum.bc.ca; Sommer tgl. 10.00–16.00, Winter Mi.–Fr. 11.00–16.00, Sa 13.00–16.00 Uhr) ist in einem der charmantesten historischen Gebäude Duncans untergebracht, dem früheren Bahnhof (1912). Umgeben von Totempfählen und Gärten kann man hier wunderbar spazieren gehen. Wer tiefer in die Geschichte des Ortes eindringen möchte, kann das **Museumsarchiv** (Mi.–Fr. 12.00–16.00 Uhr) besuchen. Die angrenzende Duncan City Hall von 1913 war früher das Postamt des Städtchens. Weiter im Norden bietet das **BC Forest Discovery Centre** (2892 Drinkwater Rd, www. bcforestdiscoverycentre.com; Do.–Mo. 10.00 bis 16.30, Winter Fr.–So. 15.30–21.00 Uhr) Informationen über Forstwirtschaft und Holzverarbeitung.

UMGEBUNG

Knapp 16 km nördlich erwartet **Chemainus** die Besucherinnen und Besucher. Die kleine Gemeinde mit aufwendig renovierten viktorianischen Bauten lebt von der Forstwirtschaft, entwickelte sich aber durch 39 bemerkenswerte Murals an Hauswänden mit Szenen zur Stadtgeschichte zum Ausflugsziel.

INFORMATION
Tourism Cowichan, 2896 Drinkwater Rd,
Duncan, Tel. +1 250 746 46 36,
www.duncancc.bc.ca

Tipp

Frische Fische

Vancouver Island ist bekannt für grandiose Lachsvorkommen, aber auch Krabben und Austern werden frisch aus dem Pazifik gefischt. In Tofino kann man an der kleinen Marina Fischern wie Joel beim Zerlegen des Fangs zuschauen, Fisch kaufen – und den Kauf sogar vor Ort zubereiten lassen.

INFORMATION
The Fish Store,
700 Industrial Way,
tgl. 11.00–18.00 Uhr

3 Nanaimo

Die zweitgrößte Stadt der Insel besitzt ein Fährterminal. Shoppingcenter gibt es auch.

MUSEEN

Open-Air-Geschichtsunterricht erteilt die 1853 von der Hudson Bay Company errichtete **Bastion** (98 Front St., www.nanaimomuseum.ca; Sommer Sa./So. 10.00–17.00 Uhr und mit Termin, im Winter nur mit Vorabtermin unter Tel. +1 250 753 18 21). Ein paar Schritte weiter präsentiert das Nanaimo District Museum (100 Museum Way, www.nanaimomuseum.ca; Sommer tgl. 10.00–17.00 Uhr, Winter Di.–Sa.) detailgetreue Schnitzkunst der Küsten-Salish.

ERLEBEN

Die Natur um Nanaimo ist vielseitig. Wer Nervenkitzel und Adrenalinkick sucht: Von der Nanaimo Bridge werden **Bungeesprünge** aus 42 m Höhe angeboten (www.wildplay.com). Ruhiger geht es bei **Höhlentouren** im Horne Lake Caves Provincial Park (www.hornelake.com) zu.

INFORMATION
Tourism Nanaimo, 2450 Northfield Rd.,
Nanaimo, Tel. +1 250 751 15 56,
www.tourismnanaimo.com

4 Port Alberni

Das kleine Städtchen am malerischen Fjord ist von der Holzwirtschaft geprägt – Symbol dafür ist das wuchtige Sägewerk.

MUSEEN

Der Weg zum **Maritime Discovery Centre** (2750 Harbour Rd, www.portalbernimaritime heritage.ca; Mo. 9.30–13.30, Di. 12.30–13.30, Do., So. 9.30–12.30 Uhr) ist einfach: Immer den rot-weißen Leuchtturm am Hafen im Blick behalten! Die Küstenseefahrt steht im Mittelpunkt der Ausstellung. Die Geschichte der First Nations, aber auch die Entwicklung von Fischerei und Holzindustrie werden im **Alberni Valley Museum** (4255 Wallace St., Tel. +1 250 720 28 63, https://playinpa.ca/museum; Di.–Sa. 10.00–17.00, Do. bis 20.00, Juli, Aug. Mo.–Sa. 10.00–17.00 Uhr) nachgezeichnet.

ERLEBEN

Der historische Port Alberni Steam Train fährt täglich vom Hafengebiet Port Alberni bis zur McLean Mill. Die **Fahrt mit der Dampflok** dauert 35 Minuten (aktuelle Infos unter www. albernipacificrailway.ca).

UMGEBUNG

Eine halbe Autostunde östlich ragen im **Cathedral Crove** des MacMillan Provincial Park mehrere Hundert Jahre alte Zedern bis zu 75 m auf. Die Waldwege sind leicht begehbar.

INFORMATION
Alberni Valley Tourism, 2533 Port Alberni
Hwy., Tel. +1 250 724 65 35,
www.albernivalleytourism.com

Tolle Lage: das Wickaninnish Inn in Tofino

5 Pacific Rim National Park Preserve

Die Magie des rund 500 km² großen Naturschutzgebiets an der Westseite von Vancouver Island ist berauschend: Mal krachen die Wellen geräuschvoll gegen die Granitfelsen wie am **Wild Pacific Trail** bei Ucluelet. Spitz ragen die Felsen hier aus der tobenden See, besonders schön ist der Lighthouse Loop (2,6 km). Dann wieder warten herrliche Strandbuchten wie am **Half Moon Bay Trail** oder Surfstrände wie am **Long Beach**. Der ist nicht nur für seinen perfekten „Push" bekannt, sondern wegen der mächtigen Treibholzstämme am Ufer auch für Postkartenmotive beliebt. Die Broken Group Islands im Barkley Sound von **Ucluelet** wiederum sind ein Labyrinth aus Inselchen, die man per Boot besuchen kann. Für Wanderer ein Traum ist der **West Coast Trail** (www.pc. gc.ca/en/pn-np/bc/pacificrim). Die anspruchsvolle Strecke (75 km) ist gebührenpflichtig und von Mitte April bis Oktober nur mit Anmeldung begehbar.

INFORMATION
Pacific Rim Visitors Centre, 2791 Pacific Rim
Hwy, Ucluelet, Tel. +1 250 726 46 00,
www.discoverucluelet.com

6 Tofino

Das Surfermekka der Insel wird gern als „Hamptons" der Vancouverites betitelt: Reiche Städter fliegen fürs Wochenende mit dem Wasserflugzeug ein. Trotzdem bewahrt sich das Fischerdorf einen Hippiecharme.

SEHENSWERT

Der First-Nations-Künstler Roy Henry Vickers stellt seine Werke in der **Eagle Aerie Gallery** (350 Campbell St., www.royhenryvickers.com; tgl. 10.00–16.00 Uhr) in einem traditionellen Longhouse aus. Der frühere Tofino Botanical Garden wurde in **Clayoquot Campus** (1084 Pacific Rim Hwy., www.clayoquotcampus.ca) umbenannt und umfasst die Naa'Waya'Sum-Gärten. Das neue Konzept konzentriert sich nun auf die Unterstützung des von Ureinwohnern geführten Naturschutzes. Heiße Entspannung findet man bei der **Hot Springs Cove TOPZIEL** nördlich des Clayoquot Sound – nur mit Boot oder Wasserflugzeug zugänglich.

RESTAURANTS / HOTEL

Das € € **Wolf in the Fog** (150 Fourth St., Tel. +1 250 725 96 53, www.wolfinthefog.com) ist der coolste Treff des Ortes mit deftigen Burgern, Fischgerichten und gutem Bier. Die Surfer-Crowd trifft sich in Wetsuit und mit Board im Schlepptau am € **Tacofino** (1184 Pacific Rim Hwy. / Live to Surf Plaza, Tel. +1 250 726 82 28, www.tacofino.com). Das € € € **Wickaninnish Inn** (500 Osprey Ln., Tel. +1 250 725 31 00, www.wickinn.com) ist eine schicke und naturverbundene Oase mit Blick über den Chesterman Beach.

INFORMATION

Tourism Tofino, 1426 Pacific Rim Hwy, Tel. +1 250 725 34 14, www.tourismtofino.com

❼ Campbell River

Das „Salmon Capital of the World" ist ein Anglerparadies. Im Juli steht alles im Zeichen des Salmon Festival.

ERLEBEN

Ganzjährig kann man seine **Angel** am Discovery Pier auswerfen. Aber auch **Walbeobachtungstouren** und **Wasserflugzeugrundflüge** werden angeboten.

HOTEL

Im € € € **Dolphins Resort** (4125 Discovery Drive, Tel. +1 250 287 30 66, www.dolphins resort.com) schläft man in schicken Holzhütten, diniert wird mit Blick auf den Fluss.

UMGEBUNG

Der Highway 28 führt nach Westen in den vielseitigen **Strathcona Provincial Park** (http://bcparks.ca/explore/parkpgs/strath/).

❽ Port Hardy

Der nördlichste Ort Vancouver Islands (4000 Einw.) lebt von Tourismus, Fischfang und der Holzindustrie.

SEHENSWERT

Das **Museum** (7110 Market St., www.porthar dymuseum.com) zeigt viel First-Nations-Kunst. Im September finden die **Indian Summer Games** der Stammesmitglieder statt.

UMGEBUNG

An der wilden Nordwestspitze breitet sich der **Cape Scott Provincial Park** aus. Der 30 Minuten entfernte Hafen **Port McNeill** bietet sich für kurze Wanderungen an. Südöstlich liegt **Telegraph Cove**, eine der wenigen verbliebenen Fischersiedlungen auf Stelzen.

INFORMATION

Port Hard & District Visitor Information Centre, 7250 Market St., Tel. +1 250 949 76 22, www.visitporthardy.com

DURCH TOFINOS REGENWALD

Vor 30 Minuten standen meine Füße noch knöcheltief im kühlen Meer am Combers Beach, vor mir die Weite des Pazifiks. Und nun? Die Wanderstiefel stecken im dunkelbraunen, mit Wurzeln übersäten Waldboden, über meinem Kopf breitet sich ein dichtes Netz aus tiefgrünen Farnen, radgroßen Blättern und mit Moos behangenen Lianen aus – willkommen in Tofinos Regenwald! Ja, selbst den gibt es in der berauschenden und vielseitigen Landschaft von Vancouver Island.

Dass sich in British Columbia fast 25 Prozent des gemäßigten Regenwalds der Welt befindet, vergisst man beim Blick auf die sonnengeküssten Surfstrände der Insel schnell. Etwa ebenso schnell verflüchtigt sich wiederum das Beach-Feeling beim ersten Blick auf den Rainforest Trail, der ungefähr mittig zwischen Tofino und Ucluelet liegt.

Zwischen den Baumriesen fühlt man sich ganz klein – und gut behütet.

Die zwei Routen, Loop A & B, sind einfach begehbar und weisen dank der durchgängigen Holzpromenade keine Stolperfallen auf, sodass man sich voll und ganz auf das wuchtige, an vielen Stellen fast magisch wirkende Ökosystem konzentrieren kann. Über gut zwei Kilometer hinweg schlängelt sich der Weg durch den dichten Regenwald, und mit jedem Schritt löst die Wanderung neue Gefühle aus: Während im Baumwipfel-Baldachin versteckte Vögel zwitschern, rufen das leichte Plätschern eines Baches und der intensive Waldgeruch nostalgische Kindheitserinnerungen wach. Und als gegen Ende des Rundwegs leichter Nieselregen auf die kelchförmigen Stauden entlang der meterhohen, hundertjährigen Zedern fällt, ist es plötzlich da: jenes herrliche Zen-Gefühl, das man so nur inmitten einer derart spektakulären Natur erlebt.

··

2040 Pacific Rim Highway, Tofino, www.tofinohiking.com/hikes/rainforest-trail

Der **Rainforest Trail** befindet sich mitten im Pacific Rim National Park. Die beiden Routen A & B verlaufen an der Ost- und Westseite des Highways neben dem Parkplatz (auf der Westseite).

British Columbia Süd

*

BERAUSCHENDE VIELFALT

*

Im Westen thronen die ewig weißen Berge von Whistler, im Nordosten markieren die monumentalen Rocky Mountains die Grenze zu Alberta – und zwischendrin? Tiefblaue Bergseen, malerische Weingebiete, aber auch Beachlife mit Stadtstränden. Und, kaum zu glauben, sogar Wüste gibt es hier.

**Im Dunstkreis von Whistler: Trailreiten
in den Bergen bei Pemberton**

Schwarz auf Weiß: Blick vom Whistler Mountain auf den erloschenen Vulkanschlot Black Tusk.

HIER SCHEINT ALLES NOCH HÖHER, NOCH WEITER, NOCH COOLER ZU SEIN.

„Und ich dachte, ich lebe im schönsten Land der Erde. Bis ich hierherkam." Steve, ein lebhafter Australier mit braun gebranntem Surfer-Teint unterm grellroten Hoodie, zeigt auf das Panorama, das sich vor der Peak-to-Peak-Gondola ausbreitet. Unsere Gondel gleitet von Whistler weg und hinauf auf den Blackcomb Peak, unter uns dicht aneinandergereihte dunkelgrüne Fichten und mit Schnee bedeckte Berggipfel. Die Sonne strahlt, am Himmel ist kein Wölkchen, und mir ist etwas flau im Magen. An der Station noch mutig, kommt mir der Glasboden der Gondel nun doch recht gewagt vor. Während die roten Gefährte einen „normalen" Boden haben, ist eine silberne mit dem „Rundumblick" ausgestattet – kleiner Adrenalin-Kick. Oder, wie die Steves Gruppe im Minutenabstand ausruft: „Epic!"

Will man British Columbia, kurz BC, die mit fast 945 000 Quadratkilometern drittgrößte Provinz Kanadas mit einem Wort beschreiben, dann fasst „episch" alle Superlative perfekt zusammen. Hinter Vancouver breitet sich BC wie ein aus verschiedenen Fasern gewebter Teppich in den Nordosten aus. Was die Provinz so episch macht, ist die Vielseitigkeit der Natur, mit ihren Höhen, Tälern, Seen und Stränden – aber auch der Intensität der Farben, Gerüche und Erlebnisse.

HÖHENFLÜGE, ÜBERALL

Irgendwie scheint hier alles noch höher, noch weiter, noch cooler zu sein: Whistler ist nur ein Beispiel dafür. Im mit 22 Quadratkilometern größten Skigebiet Nordamerikas hat man über 200 Pisten zur Auswahl, von Anfängerpisten bis zum Double-Diamond-Grad. Für Pulverschneefans mit Extrabudget ist Helikopter-Skiing als Steigerung möglich. Nicht nur im Winter, denn dank des Gletschers auf dem Blackcomb kann auch im Sommer Ski gelaufen werden. Mutige können beim Ziplining über die Täler hinwegrauschen oder per Mountainbike die Bergpfade hinabjagen. Und selbst Wandern kann bei der spektakulären Szenerie zur Endorphinausschüttung führen.

Zur Nervenberuhigung hat man im kleinen Whistler dann festen Boden unter den Füßen. Das Tal war einst eine traditionelle Handelsroute von First Nations wie den Squamish und Lil'wat – bis die Briten kamen und den oft im Nebel versunkenen Berg „London" tauften. Der Name haftete nicht, dafür sorgte das kontinuierliche Gepfeife (auf Englisch „whistle") der örtlichen Murmeltiere. Ende der 1970er-Jahre begann der Skitourismus, spätestens 2010 katapultierten die Olympischen Winterspiele die Hänge auf die To-do-Listen von Skifans weltweit. Der Ort hat sich einen gewissen

Lockere Atmosphäre,
gute Stimmung
im Restaurant
Brewhouse in
Whistler

Oben: Das 2016 eröffnete Audain Art Museum
in Whistler zeigt Werke wichtiger First-Nations-
Künstler.

Unten: Whistler – keiner raucht, jeder trägt
sportlich-saloppe Kleidung.

Whistlers abends kunterbunt erleuchtetes Stadtzentrum ist autofrei.

Rechts: Die Mischung macht's in British Columbia – mal Wildnis, mal Kulturlandschaft, immer atemberaubend schön.

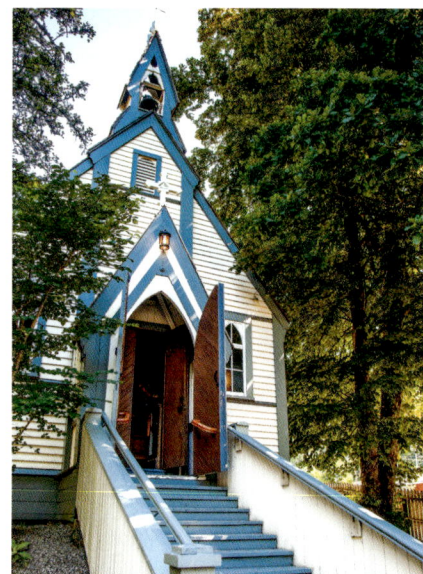

Oben: Die Kirche St. John the Divine in Yale am Fraser River wurde 1860 errichtet und ist die drittälteste Kirche in British Columbia.

Mitte: Einfach traumhaft, der Duffey Lake Provincial Park zwischen Lillooet und Pemberton
Unten: Sicher passiert die „Airtram" das Höllentor. Hell's Gate ist eine legendäre Engstelle am Fraser River.

Ein Herz und eine Seele: Bei den mehrtägigen Trailritten rund um Pemberton wachsen Ross und Reiter(in) zu einem gut eingespielten Team zusammen.

Old-World-Charme bewahrt, heute gemischt mit einem lässig-teuren Outdoor-Vibe. Und die Partys in den Bars und kleinen Clubs hier gelten ebenfalls als episch.

ANNO 1808: EIN BESCHWERLICHER START

„So etwas wie diese Gegend habe ich nirgendwo gesehen. Es ist so wild, mir fehlen die Worte zur Beschreibung unserer ausweglosen Situationen. Wir mussten Stellen überqueren, auf die sich kein Mensch wagen sollte…", schrieb Simon Fraser 1808 unweit von Hell's Gate in sein Tagebuch. Die Reise entlang des nach ihm benannten Flusses bis zum Pa-

zifik war zermürbend und lebensbedrohlich. Ganz nebenbei entdeckte der Pelzhändler aber weite Teile Westkanadas und schuf die erste weiße Siedlung von British Columbia. 36 Tage brauchte er für die Bewältigung des Fraser River, der an manchen Stellen so wild ist, dass seine Truppe die Kanus zurückließ und zu Fuß weiterging – etwa am Hell's Gate, wo der Fluss 750 Millionen Liter Wasser pro Minute durch den zu einem Nadelöhr verengten Canyon drückt. Heute schwebt man mit einer „Airtram" über das tobende Gewässer und kann nur den Kopf schütteln über die Kühnheit der ersten Siedler. Auch sonst machen es die geteerten Straßen und kleinen Ortschaf-

ten mittlerweile leicht, die spektakuläre Natur von BC ohne Fraser'sche Verzweiflung zu bestaunen, dafür mit weit offen stehendem Mund.

UND PLÖTZLICH: STRANDLEBEN

Manchmal reißt man auch aus purem Unglauben die Augen auf. Denn man rechnet mit Vielem im vielseitigen British Columbia – aber mit einem geradezu mediterranen Strandgefühl? Mit Sonnenschirmen, Klappstühlen und badewannenwarmem Wasser? Glaubt man den braun gebrannten Locals, scheint im Okanagan Valley öfter die Sonne als in Honolulu, was dem sonnigen Tal einst den Spitznamen „Obstkorb Kanadas"

Streifzug in den Rockies: der Yoho National Park, hier an der Emerald Lake Road (großes Bild); der Kinney Lake Trail im Mount Robson Provincial Park (Mitte); Rafting auf dem Kicking Horse River im Yoho National Park (unten)

In Revelstoke geht es recht entspannt zu. Die einen kehren in die Zivilisation zurück, andere starten von hier aus ihre Trips.

Vor dem Aufbruch in die Monashee Mountains sollte man sich am besten in Revelstoke noch einmal stärken.

eingebracht hat. Mittlerweile rühmt man sich hier etwas edler, eine „Weinhochburg" des Landes zu sein.

Den aromatischen Riesling trinken Gäste an der Uferpromenade von Kelowna nach einem kleinen Spaziergang vorbei an den Pianos, die überall zum öffentlichen Spiel aufgestellt sind. Blake, ein 19-Jähriger im Justin-Bieber-Look, spielt die kleine Nachtmusik mit theatralischem Finale, man applaudiert. Die Mischung aus California-Feeling und Hippie-Happiness ist wirklich ansteckend. Vernon, 1864 gegründet, ist weniger touristisch – und macht Käseliebhaber glücklich. Der hiesige würzige Cheddar ist ein Gedicht. Die Farmen der Umgebung produzieren davon drei Millionen Tonnen im Jahr. Am besten probiert man sich auf dem kleinen Bauernmarkt des Ortes durch die verschiedenen Sorten. „Cheesy Gold" steht dort auf einem der kleinen Holzschilder. Man kann damit vielleicht keine Millionen machen, muss sich aber auch nicht durch die Flusstäler schürfen.

DIE REICHEN SCHÄTZE DES LANDES

Der Goldrausch, er zog natürlich auch durch BC. 1863 wurde im Wild Horse Creek bei Cranbrook Gold entdeckt; man schürfte nicht lange, hinterließ aber Fort Steele, das heute ein Freilichtmuseum

ist. Doch der Boden erwies sich auch durch andere Schätze als „Goldmine": Das Elk Valley an der Grenze zu Alberta ist bis heute ein wichtiges Kohlerevier. Bis 2001 förderte man bei Kimberley Zink, Blei und Silber. Zurückgeblieben sind historische „Mining Towns", die hübsch hergerichtet mit dem Flair des Wilden Westens spielen, sonst aber hauptsächlich von der Vermarktung der Sportmöglichkeiten leben. Und die sind

gigantisch. Fernie, Kimberley, Rossland, Invermere oder Fairmont Hot Springs sind herrliche Ski-, Snowboard- und Mountainbiking-Gebiete, die Provinzparks Valhalla, Kokanee Glacier oder Goat Range wiederum Wanderwunderländer. Die kleinen Orte dazwischen sind entspannte Enklaven wie Revelstoke. In der Luft liegt Kreativität, die Einheimischen sind freundlich und der historische Stadtkern wirkt wie aus dem Bilderbuch. Umgeben von den Monashee- und Columbia-Gebirgsketten trifft man sich im Sommer allabendlich an der Grizzly Plaza. Unterm roten Pavillon spielen

Bands, Singer/Songwriter packen die Gitarre aus, und der halbe Ort sitzt gemütlich auf weißen Plastikstühlen und schnippt mit den Fingern.

ENDLICH: DIE ROCKIES!

Es ist der Moment, auf den man bei jeder Westkanadareise hinfiebert: der erste Blick auf die Rocky Mountains. Mit den dramatischen Felsformationen, die spitz in den Himmel ragen und von Schnee

DIE HISTORISCHEN „MINING TOWNS" SPIELEN MIT DEM FLAIR DES WILDEN WESTENS.

bedeckt sind, ist das Massiv eine wuchtige und gleichzeitig elegante Erscheinung, die sich von Mexiko über die USA bis nach Kanada erstreckt. Eiszeiten, Verschiebungen der Sedimentschichten und eine 60 Millionen Jahre lange Geschichte von Wind und Wetter haben der Bergkette ihr zerfurchtes „Outfit" verpasst.

BERAUSCHEND SCHÖN: MOUNT ROBSON

Als wenn das Panorama nicht schon spektakulär genug wäre, wartet im Norden von BC noch ein Superlativ: Mit 3954 Metern ist Mount Robson der höchste Berg der kanadischen Rockies

Oben: Im Okanagan Valley ist es warm genug für Weinbau. Warum also nicht auch fürs Baden? Das mag sich die Burrowing Owl Estate Winery gedacht haben und bietet neben Wein auch Logis mit Pool.

Mitte: Im Whistler Bike Park finden Mountainbiker den richtigen Kick.

Sieht einfach aus, ist es aber nicht: Slacklining im Okanagan Lake City Park in Kelowna

Von Schneebergen und Wäldern keine Spur: Stadtstrände und Promenaden verbreiten wie hier in Kelowna herrlich sonniges Feriengefühl. Im Hintergrund ist die Okanagan Lake Bridge zu sehen.

Kelowna ist die größte Stadt im Okanagan Valley. Seit 1906 wird jährlich eine internationale Regatta ausgetragen.

Am Jachthafen findet sich immer ein ruhiges Plätzchen. Kelowna steht mit vielen Läden, Restaurants und Parks ganz im Zeichen des Tourismus.

Special

Wüste

Ein Hauch Sahara

Wüstenträume – selbst die erfüllt Kanada. Südlich des Okanagan Lake breitet sich die Osoyoos Desert aus, viel weiß-gelber Sand vor knallblauem Himmel.

Die Szenerie mutet fast ein wenig wie eine Fata Morgana an. Mit unter 300 Millimetern Niederschlag im Jahr trifft man hier auf die trockenste Gegend des Landes. Die Vegetation ist so einzigartig wie ihre Bewohner: Seltene Tiere wie der Tigersalamander, Nachtschlangen und eine vom Aussterben bedrohte Eulenart leben hier.

Trockene Angelegenheit: die Osoyoos-Wüste

Kanadas einzige Wüste wird wegen ihrer überschaubaren Fläche von kaum 100 Hektar auch gern liebevoll „Pocket Desert" genannt, verloren geht man also nicht. Im Örtchen Osoyoos, das die Locals treffend „Spanish Capital of Canada" nennen, fühlt man sich dank weiß getünchter Häuser mit roten Dächern und Gittern aus Schmiedeeisen tatsächlich ein bisschen wie in Mexiko. Bestärkt wird das am nahen Strand, der den Osoyoos Lake umgibt, einem beliebten Spot zum Sonnenbaden. Umfassende Informationen zur Natur, den Lebewesen der Wüste und den First-Nations-Traditionen der Gegend gibt es im NK'MIP Desert Cultural Centre (1000 Rancher Creek Road Osoyoos, www.nkmipdesert.com). Die besten Monate für Besuche in Kanadas Wüste sind Mai und Juni sowie September und Oktober.

und ein berauschend schönes Bildmotiv. Die Besteigung? Leicht begehbare Routen gibt es keine, pro Jahr schaffen es nur eine Handvoll Bergsteiger bis hinauf. Die meisten Besucher werden dann doch lieber unterhalb des mächtigen Gesellen die Wildnis entdecken wollen, die sich hier in ihrer vollen Schönheit und Vielseitigkeit zeigt. Die Wahrscheinlichkeit, Bären zu sehen, ist hoch.

Ähnliche Spektakel der Tierwelt spielen sich in den beiden östlichen Rockie-Mountain-Nationalparks von BC ab, dem Kootenay- und dem Yoho-Nationalpark. Gemeinsam mit Banff und Jasper in Alberta bilden sie einen einzigartigen Naturraum, dem die UNESCO inzwischen einen Welterbe-Status verliehen hat. Hier leben neben Grizzlys auch Schwarzbären, Hirsche, Elche und Berglöwen. Von ewigem Eis bedeckte Dreitausender sorgen für Postkartenmotive, der Kicking Horse und der Columbia River erfreuen Adrenalin-Junkies mit schnellen Strudeln beim Wildwasser-Rafting.

Im Norden rauschen die Takakkaw Falls aus 254 Metern Höhe im Yoho-Nationalpark in die Tiefe. Der Name des Parks passt perfekt zur atemberaubenden Szenerie: „Yoho" ist ein Cree-Wort, das Erstaunen ausdrückt. Das dürfte dann wohl als die First-Nations-Version für „Epic" gelten.

Weinbau im Okanagan Valley

DAS NAPA
DES NORDENS

*Mineralreicher Boden, heiße Tage, kühle Nächte und wenig Niederschlag:
Die Bedingungen im Okanagan Valley passen bestens zum Weinbau. Zudem
bietet das kleine Tal in British Columbia eine überraschende Abwechslung
zum Berg-und-Meer-Szenario der Region.*

Er trägt weder Holzfällerhemd noch feste Boots, hat keinen Grizzly und auch kein Kanu im Schlepptau. Jim Wyse, Besitzer der Burrowing Owl Estate Winery, trägt legeren Business-Schick und würde optisch perfekt in ein französisches Weingut im französischen Bordeaux-Gebiet passen. Aber auch sonst rüttelt das Okanagan Valley alle gemeinhin geltenden Vorstellungen von Kanada mächtig durcheinander. Das kleine Tal hat mediterranes Flair und französisches Savoir-vivre, am blauen See erstrecken sich in perfekten Reihen grüne Reben durch die sanft geschwungenen Täler und die Hänge hinauf.

Vergessen sind der Sprühregen von Vancouver und die frische Bergluft von Whistler. Am Südende des Sees, in Naramata, ist es mit weniger als zehn Litern Regen pro Quadratmeter und Jahr ausgesprochen trocken. Heiße Tage und kühle Nächte sorgen dafür, dass die Trauben einen wohlbalancierten Säuregrad bewahren. Die Voraussetzungen sind also bestens für Bordeaux-Weine wie Cabernet Sauvignon, für Cabernet Franc und Merlot. Weiter nördlich, wo es etwas kühler wird, finden Silvaner, Optima, Pinot gris, Chardonnay und Pinot blanc Idealbedingungen.

Das erkannte auch der Unternehmer Jim Wyse 1993, als er auf der Suche nach neuen Geschäftsprojekten durch die Region fuhr und in der Nähe des Örtchens Oliver ein vernachlässigtes Weingut entdeckte. Heute produziert das Burrowing Owl erfolgreiche Weine in ökologischem Anbau; seit 2010 auch den Athene, ein Cuvée aus Syrah und Cabernet Sauvignon – ein perfekter Tropfen zu deftigen Steak-Gerichten.

RUND 150 JAHRE WEINBAU

Weit über 40 Winzereien gibt es heute im einstigen „Obstkorb" des Landes auf den Feldern, die früher für ebenjenen Aprikosen- oder Apfelanbau genutzt wurden. Schicke Designanlagen wie die 50th Parallel Estate Winery haben sich hoch auf den Hängen angesiedelt und produzieren frische, aromatische Weine. Curtis Krouzel und Sheri-Lee Turner-Krouzel pflanzten 2009 die ersten Reben – allein im Jahr 2016 produzierte das Gut knapp 14 000 Kisten, darunter Pinot noir, Pinot gris, Gewürztraminer und Riesling. Spannend ist auch die Anlage von Mission Hill, deren Eingang zunächst wie ein etwas protziger Kunst-Kirchenbau mit Glockenturm aussieht, sich dann aber als herrlich weitläufige Weinanlage mit aromatischen Tropfen entpuppt.

Apropos Kirche: Angefangen hat alles mit Father Charles Pandosy, einem Jesuiten, der 1859 an der Stelle des heutigen Kelowna eine Mission gründete und Trauben anbaute – für Messwein.

Wein probiert man etwa im Weingut Burrowing Owl Estate, West Kelowna (oben) oder bei Quails Gate (unten).

Gegenüber: Am Skaha Lake bei Penticton sind die Bedingungen für Weinbau fast ideal.

Auch das Weingut Mission Hill in West Kelowna kann man besichtigen.

Informationen

. . . .

Burrowing Owl Estate Winery
500 Burrowing Owl Place, Oliver,
Tel. +1 877 498 06 20, www.burrowingowlwine.ca

50th Parallel Estate Winery
17101 Terrace View Road, Lake Country,
Tel. +1 250 766 34 08, www.50thparallel.com

Mission Hill
1730 Mission Hill Rd, West Kelowna,
Tel. +1 250 768 64 00, www.missionhillwinery.com

BERGE, WASSERFÄLLE, STRÄNDE — HELLO BC!

Outdoor-Fans geraten in BC in Entscheidungsnöte: Skifahren, wandern, schwimmen oder doch lieber am Weinberg entlangspazieren und bei einer Weinprobe die Geschmacksnerven „trainieren"? Die Vielseitigkeit der Provinz ist berauschend, ihre Schönheit sowieso.

❶ Whistler

Der herrlich gelegene Ort mit Blick auf die wuchtigen Berge ist Kanadas beliebtestes Skigebiet – ganzjährig. Auch Wanderer und Naturliebhaber kommen mit einem Netz aus über 50 Routen auf ihre Kosten. Der Ort ist nur anderthalb Stunden von Vancouver entfernt.

ERLEBEN
Skifahren ist in Whistler ganzjährig angesagt. Sommerskifahrer werden am Horstman Glacier glücklich. Der neue **Spearhead Walk** am Whistler Mountain ist herrlich. Er beginnt direkt an der Roundhouse Lodge und führt vorbei an Wildblumenfeldern und tollen Bergaussichten. Die **Peak-to-Peak-Gondola TOPZIEL** (www. whistlerblackcomb.com; Mitte Nov.–Mitte April tgl. 8.30–15.00, Mai–Mitte Sept. tgl. 9.00–16.00, Mitte Sept.–Okt. Sa., So. 10.00–17.00 Uhr) gleitet in ca. 20 Minuten auf den **Blackcomb Mountain**. Dort warten Wanderwege, diverse Skiabfahrten, Lokale und Ziplining (Zip Trek, Tel +1 866 935 00 01, www.ziptrek.com).

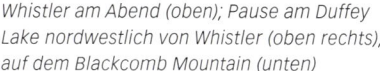
Whistler am Abend (oben); Pause am Duffey Lake nordwestlich von Whistler (oben rechts); auf dem Blackcomb Mountain (unten)

SEHENSWERT
Schöne Ausblicke vor allem bei Sonnenaufgang gibt es im **Rainbow Park** am Alta Lake (Westseite) oder vom **Green Lake Park** (West/Nordende) auf das gesamte Tal von Whistler. Beide Orte sind per Taxi in ca. 15 Minuten vom Ort aus erreichbar.

RESTAURANTS
Die **€€ Rendezvous Lodge** (4545 Blackcomb Way, www.whistlerblackcomb.com/the-village/dining/rendezvous) am Blackcomb bietet mit Sushi, mexikanischen Spezialitäten und Burgern im lässigen Kantinenstil eine sehr breite Geschmackspalette, und das alles mit Traumausblick.
Am Abend trifft sich alles im riesigen **€€ Whistler Brewhouse**, (4355 Blackcomb Way, Tel. +1 604 905 27 39, www.mjg.ca); besonders schön ist die Terrasse.

❷ Hope

Im 600-Einw.-Städtchen schlängelt sich der Fraser durch die Cascade Mountains. Gold und der Bau der Eisenbahn gaben dem ehemaligen Posten der Hudson's Bay Company einen wirtschaftlichen Impuls – heute starten Outdoorfans zu Trips in den Fraser Canyon.

SEHENSWERT
Infos zur Geschichte der Gegend liefert das **Hope Visitor Centre** (919 Water Avenue, www.hopebc.ca).

UMGEBUNG
54 km nördlich findet sich am **Hell's Gate** der wildeste Abschnitt des Fraser Canyon. Mit dem Airtram (43111 Trans-Canada Hwy, www.hellsgateairtram.com, April–Juni, Sept., Okt. 10.00 bis 16.00, Juli, Aug. bis 17.00 Uhr) schweben Besucher bequem und in sicherem Abstand darüber hinweg.

INFORMATION
Hope Visitor Centre, 919 Water Avenue, Tel. +1 604 869 20 21, www.hopebc.ca

---

Tipp

Kunst und Natur im Einklang

Eine Kunstgalerie, die eins wird mit der Natur – keine leichte Aufgabe! Architekt John Patkau gelang es aber in seiner eleganten Konstruktion aus Holz und Glas, das Audain Art Museum nahtlos mit den Bergen und Wäldern von Whistler verschmelzen zu lassen. Die First-Nations-Kollektion des Baumagnaten Michael Audain findet seit März 2016 hier auf 5200 m² Platz.

INFORMATION
4350 Blackcomb Way, Whistler, Tel. +1 604 962 04 13, www.audainartmuseum.com; Do.–Mo. 11.00–16.00 Uhr

❸ Kelowna

Mit rund 118 000 Einw. ist Kelowna wirtschaftliches Zentrum des **Okanagan Valley** TOPZIEL. Weinbau wird in dieser sonnigen Ecke des Landes großgeschrieben.

SEHENSWERT
Der **City Park** ist der Mittel- und Treffpunkt der Stadt. Weinfachkundige geben im **Laurel Packing House** (1304 Ellis St., www.kelownamuseums.ca; Do.–Sa. 10.00–17.00 Uhr) ihr Wissen über Obst- und Weinanbau der Region weiter. Im **Okanagan Heritage Museum** (470 Queensway Av., www.kelownamuseums.ca; Mo., Do.–Sa. 10.00–17.00, So. 11.00–16.00 Uhr) gibt es Geschichtliches zu erfahren.

ERLEBEN
Wassersport pur: In der Kelowna Marina kann man Boote und Waterscooter ausleihen. Der River Channel wird im Sommer zum Luftmatratzen- und Schlauchboot-Treff. Es gibt Shuttlebusse für die Rafter.

RESTAURANT
Ein Hauch Bella Italia mit rustikalen Käse- und Salamiplatten, dazu Blick auf den See bietet das €€ **Salt & Brick** (243 Bernard Ave, Tel. +1 778 484 32 34, saltandbrick.ca).

UMGEBUNG
Die beiden hübschen Städtchen **Penticton** und **Naramata** am Okanagan Lake sind Zentren des Wein- und Obstanbaus. Im Sommer

Tipp

Bannok probieren

....

„Schon mal Bannok probiert?" Sharon Bond reicht ein Stück über die Theke des Kekuli Cafés. Es schmeckt wie eine Mischung aus Scone und Brot. Die First Nations nennen es „Aboriginal Staff of Life", Grundnahrungsmittel. Ob der Getreidemix vor der Besiedlung zum Leben der Natives gehört hat oder von schottischen Siedlern eingeführt wurde, ist unklar. Fakt ist: Bannok ist der perfekte Start in den Tag.

INFORMATION
307-3550 Carrington Rd., West Kelowna, Tel. +1 250 768 35 55, www.kekulicafe.com

spielt sich alles am Okanagan Beach ab. Am Strand des Okanagan Lake liegt der Raddampfer SS Sicamous (1099 Lakeshore Dr., www.sssicamous.ca), bis 1935 im Dienst. Das **Penticton Museum** (785 Main St., www.pentictonmuseum.com; Di.–Sa. 10.00–17.00 Uhr) gibt Einblicke in das Leben der örtlichen First-Nations-Stämme.

INFORMATION
Tourism Kelowna, 238 Queensway, Tel. +1 250 861 15 15, www.tourismkelowna.com

❹ Vernon

Landwirtschaft steht hier im Mittelpunkt. Angler hoffen auf Petri Heil. Eine halbe Stunde nordöstlich lockt das Silver Star Mountain Resort mit Outdoor-Programm.

MUSEUM
Die **Historic O'Keefe Ranch** (9380 Hwy. 97N., www.okeeferanch.ca; Mai–Aug. Mi.–So., Sept./Okt. Fr.–So. 10.00–16.00 Uhr) 12 km nordöstlich war die erste Siedlung im Okanagan Valley.

HOTEL
Swarovski-Kristalle lassen das €€€€ **Sparkling Hill Resort** (888 Sparkling Place, Tel. +1 250 275 15 56, www.sparklinghill.com) funkeln, das Spa mit Infinity-Pool ist ein Erlebnis.

INFORMATION
Vernon Tourism, 3004 39th Ave, Tel. +1 250 542 14 15, www.tourismvernon.com

❺ Nelson

Die nette Stadt mit ihren viktorianischen Bauten und kleinen Galerien ist eine gute Basis für Touren in die Selkirk und Monashee Mountains.

MUSEUM
Ein Schwerpunkt im **Nelson Museum & Art Gallery** (502 Vernon St., https://nelsonmuseum.ca; Di.–Sa. 10.00–16.00, Do. bis 20.00 Uhr) ist die Kultur der Kootenay.

UMGEBUNG
Die Täler des **Kootenay** und **Columbia River** sind Outdoor-Oasen mit großen Seen. Nördlich von Nelson erstreckt sich der **Kokanee Glacier Provincial Park**, dahinter ist **Kaslo** mit seinen viktorianischen Häusern ein beliebtes Ausflugsziel. Wo es während des Silberbooms 29 Hotels, 28 Saloons, eine Oper und 85 Freudenhäuser gab, ist heute die Geisterstadt **Sandon**. Eine Stunde nordwestlich fasziniert der **Valhalla Provincial Park** mit dichter Wildnis.

INFORMATION
Nelson Visitor Information Centre, 91 Baker St., Tel. +1 250 352 34 33, www.discovernelson.com

Blue Rivers hübscher Dorfsee

❻ Fort Steele

Das nach Sam Steele, Superintendent der North West Mounted Police (später RCMP), benannte Fort ist ein historisches Relikt aus den 1860er-Jahren.

SEHENSWERT
Fort Steele ist heute ein **Freilichtmuseum** mit aufwendigen „Living History"-Vorführungen im Fort Steele Provincial Historic Park (9851 Highway 93, www.fortsteele.ca; tgl. 10.00–16.00, Nov.–März Mi.–So. 10.00–15.00, Juli, Aug. 10.00–17.00 Uhr).

VERANSTALTUNG
Im 16 km südwestlich gelegenen **Cranbrook** erinnert man im Juni mit den Sam Steele Days (www.samsteeledays.org) an die Pionierzeit.

❼ Yoho National Park

Mit 1300 km² ist er einer der kleinsten kanadischen Nationalparks – macht das aber durch atemberaubende Felswände, Wasserfälle und Gletscher wett. Wildwasser ist nicht weit.

SEHENSWERT/ERLEBEN
Der **Daly Glacier** füttert die 254 m hohen Takakkaw Falls, der kühle Sprühregen beim Näherkommen ist Gletscherwasser. Knapp 30 Minuten entfernt verschlägt der Anblick des türkisfarbenen **Emerald Lake** wohl jedem die Sprache. Die Natural Bridge führt über den **Kicking Horse River** TOPZIEL, der sich seinen Weg durch das uralte Gestein bahnt. Hinter der Kicking Horse Canyon Bridge (30 Minuten nördlich von Field) beginnt das Wildwater-Raftingabenteuer auf dem **Kicking Horse River** mit der Glacier Rafting Company (www.glacierraft.com, Tel. +1 877 344 72 38).

INFORMATION
Visitor Centre, Trans-Canada Highway, Field, British Columbia V0A 1G0, Tel. +1 250 343 67 83, www.pc.gc.ca/en/pn-np/bc/yoho

⑧ Revelstoke

Das herrlich entspannte Städtchen ist geprägt von Livemusik und über 60 Gebäuden aus dem 19. Jh.

SEHENSWERT

Auf 0,5 km führt der **Giant Cedar Boardwalk** mitten in den dichten, uralten Zedernwald. Die Geschichte der Eisenbahn breitet das **Railway Museum** aus (719 Track St. W., www.railway museum.com, Tel. +1 250 837 60 60) aus. Im Herzen des **Glacier National Park** befindet sich das renovierte Rogers Pass Discovery Centre (www.kootenayrockies.com/partner/rogers-pass-discovery-centre/) mit Infozentrum, Ausstellungen und einem Theater.

RESTAURANT / HOTEL

Auf der Außenterrasse des € € **The Taco Club** (206 MacKenzie Ave, Tel. +1 250 837 09 88, www.thetacoclub.ca) lässt sich bei köstlichen Tacos und Cocktails gut „People Watching" betreiben.
Die Zimmer des € € **The Regent Hotel** (112–1st St. East, Tel. +1 250 837 21 07, www.regent hotel.ca) sind schlicht und gut. Restaurant und Pub werden abends zum Szenetreff.

INFORMATION

Visitor Center, 301 Victoria Road W, Revelstoke, British Columbia, V0E 2S0, Tel. +1 250 837 53 45, seerevelstoke.com

⑨ Mount Robson Provincial Park

Mount Robson TOPZIEL ist mit 3954 m der höchste Berg der kanadischen Rocky Mountains, der Park selbst wurde zum UNESCO-Weltnaturerbe ernannt – damit ist eigentlich schon alles gesagt.

ERLEBEN

Die Vielfalt an Wanderwegen ist groß, man kann angeln, wandern oder auch Kajak fahren. Informationen über **Touren** wie den einfachen **Kinney Lake Trail Hike** gibt es im Valemount Visitor Centre (785 Cranberry Lake Road, Tel. +1 250 566 98 93). Der kleine Ort **Valemount** mit seinen Cafés bietet einen netten Stopp.

UMGEBUNG

Wildnis pur herrscht im **Wells Gray Provincial Park** (www.env.gov.bc.ca/bcparks/explore/parkpgs/wells_gry/) mit seinen dunklen Tannenwäldern, den Cariboo Mountains und den Helmcken Falls. Die Guides von River Safari (6080 Mud Lake Road, Tel. +1 250 673 23 09, www.riversafari.com) im südlich gelegenen Ort **Blue River** wissen, wo die Grizzlys und Braunbären sich am liebsten aufhalten.

INFORMATION

Visitor Center, Hwy. 16, Valemount, BC V0E 2Z0, Tel. +1 250 566 40 38, http://bcparks.ca/explore/parkpgs/mt_robson/

DAS SUMMEN VON VERNONS BIENEN

„Want to hear the BUZZ?", fragt Ed und zeigt auf die Behausungen seiner „Mitbewohner". Klar, will ich den „Buzz" von Vernon hören, immerhin dreht sich auf der Planet Bee Honey Farm ja alles um das Summen und Brummen Tausender geschäftiger Bienen, die hier in professionell gefertigten Stöcken hausen.

Imkermeister und Farmbesitzer Ed Nowek hat 1997 seine erste Hobbyfarm eröffnet, um Wissenswertes über die Bedeutung der Bienen weiterzugeben und über die zahlreichen Gesundheits- und Heilprodukte rund um das flüssige Gold, den Honig, aufzuklären. Zwei Jahrzehnte später brummt die Honigbienenfarm nicht nur von den schwarz-gelben Tierchen, sondern auch von wissenshungrigen Besuchern. Während Ed in voller Imkermontur einen Honigbienenstock öffnet, stehen wir sicher hinter einer Scheibe und hören fasziniert zu, wie das Summen zum Getöse anschwillt. Gänzlich unbeeindruckt von den schwirrenden Bienen erzählt der Fachmann von den verschiedenen Bienenarten, ihrem Lebenszyklus, vom Bestäubungsprozess und dem Bienenalltag. Nach der Liveshow kleben viele in meiner Gruppe noch lange am Bienenstock aus Glas und lassen das Getümmel auf sich wirken.

Faszinierende Tiere und ökologisch unentbehrlich: Bienen

Ich bewege mich unterdessen in Richtung des süßesten Ortes im Geschäft, zur Honigverkostungsstation, um mich durch die über 20 Honigsorten zu probieren. Das Highlight? Ein Schluck des köstlich-edlen Honigmets, den mir der Met-Experte Martin Henderson mit einem Lächeln entgegenschiebt. Der golden schimmernde Honigwein schmeckt nach Wald und Wiese mit einem Hauch Lavendel.

Planet Bee Honey Farm
5011 Bella Vista Rd, Vernon, Tel. +1 250 542 80 88, www.planetbee.com

Kostenlose Verköstigungen und Info-Touren; 1-stündige Tour: 10 CAD

*

IM KRAFTFELD DER ROCKIES

*

Ihretwegen kommt man nach Kanada: Die gewaltigen Rocky Mountains haben eine magische Anziehungskraft. In Alberta sind sie allgegenwärtig, doch mit quirligen Städten wie Calgary und Edmonton hat die Provinz auch abseits der eindrucksvollen Bergwelt fotogene Ziele zu bieten.

Der Icefield Skywalk, ein 280 m hoher Steg aus Glas und Stahl im Jasper National Park, spannt sich über das Sunwapta-Tal. Es ist Teil des Columbia Icefields in den Rockies.

Die Millionenstadt Calgary ist nicht Hauptstadt – das ist Edmonton –, aber der kulturelle Mittelpunkt von Alberta.

Rechts: Ausblick auf Downtown vom 1968 errichteten Calgary Tower

Unten: Ein Rodeo-Ritt auf dem elektrischen Bullen gefällig? Dann auf in die Bar & Kitchen Ranchman's!

Calgary profitiert vom großen Ölgeschäft. Das bringt Jobs und Geld für Kunst und Kultur.

Links: Straßenszene in Downtown.

Rechts: „Wonderland" ist ein aus Draht gewebter, zwölf Meter hoher Umriss eines Mädchenkopfes. Das Werk des spanischen Künstlers Jaume Plensa schimmert nachts in sanft-gelbem Licht.

Fußgängerzonen in der Innenstadt, hier die 8th Ave. SW, sorgen für abgasfreies Freizeitvergnügen.

An der „Beltline" entsteht eine neue Community mit netten Ausgehvierteln. Mittendrin das Café Analog in der 17th Ave.

Der Ritt auf dem Bullen ist kurz, der Fall unelegant, der Aufprall sanft, immerhin. 51 Sekunden blinkt auf der roten Anzeige, für Level vier soll das wohl ganz gut sein, zumindest nickt die umstehende Runde aus rot karierten Hemden zustimmend. Der Nächste bitte. Aufsitzen, das Metallgestell mit breitem Bullenrücken beginnt zu schaukeln. Der weiße Cowboyhut landet als Erstes auf der dick gepolsterten Matte, der Herr selbst ein paar Sekunden später: 1.03, das weckt den Kampfgeist. Willkommen in Calgary, „Cowtown", „Stampede City" oder schlichtweg „Cowboy Heaven". Bars wie das Ranchman's brummen dank Holz an den Wänden, Countrymusik und Linedance.

Der Mythos des Ranchers lebt auch im modernen Kanada. Außerhalb der Millionenstadt gibt es immer noch Familienbetriebe, in denen in der Prärie Rinder und Pferde gezüchtet werden. Die Mischung aus ländlichem Charme und Big City Groove macht Calgary speziell, doch man sollte sich nicht blenden lassen: Das Ölbusiness bestimmt immer noch die Geschäfte der Stadt, die mit einem überdurchschnittlich hohen Pro-Kopf-Einkommen glänzt. Bereits die Hochhausdichte von Downtown macht deutlich: Im Finanzviertel geben andere Bullen den Ton an. Das geschäftige Rush-Hour-

Gewusel von Anzugträgern und Damen in Kostümen auf bedrohlich hohen Absätzen ist hier nicht weniger dicht als in anderen Metropolen. Dabei fing alles bescheiden an.

EIN HAUCH REDNECK BLEIBT

Am Anfang, 1875, stand da ein Posten der heutigen RCMP, damals North West Mounted Police genannt. Alles wäre beschaulich geblieben, hätten nicht acht Jahre später Eisenbahnschienen für Mobilität gesorgt: Die Erzeugnisse der weitläufigen Weideflächen konnten nun befördert werden – neue Ankömmlinge entdeckten das lukrative Ranchleben als Rinderbarone. Unterschwelliges Proletentum und konservative Werte? Beides hält sich bis heute wacker im sonst sehr liberalen Calgary. Aber der eigentliche Hype folgte mit der zweibuchstabigen Entdeckung, die Alberta für immer veränderte: Öl. Mit der ersten Raffinerie 1923 floss das schwarze Gold, ähnlich rasant schwappte eine neue Bevölkerungs-

welle über die Gegend und machte Calgary zur Millionenmetropole inklusive Bau-Boom und Hochhauswahn.

Zum Glück ist nicht alles Stahl, Glas und Beton. Bunte Sommerfestivals und Public-Art-Projekte profitieren vom verhältnismäßig gut gefüllten Budget. Calgary ist längst der kulturelle Mittelpunkt von Alberta. Zudem vermachen immer wieder Ölmillionäre ihr Vermögen der Kunsterweiterung. Stararchitekt Santiago Calatrava verpasste 2012 der Stadt mit der knallroten Peace Bridge ein

IN CALGARY HEISST ES ÜBERALL: »BIGGER IS BETTER«.

Statement. Und auch sonst heißt es „bigger is better": Das National Music Centre's Studio Bell, 2016 eröffnet, ist ein architektonisches Monument von Brad Cloepfil, das sich mit goldenem Schimmer über der Forth Street ausbreitet.

Es gibt aber auch kleine, fast heimelige Nischen mit Kunst und Design junger Kreativer, zum Beispiel in einigen Ecken von Inglewood, Kensington und der 17th Avenue SW. Hier, an der sogenannten Beltline, entsteht eine neue, spannende Nachbarschaft mit Musik-clubs, Bars, Restaurants und Cafés. Die gute Portion Calgary-Coolness und Es-presso-Kultur to go sozusagen.

DAS GESCHÄFT MIT DER EISENBAHN

Die meisten Reisenden sind letztendlich doch auf dem Sprung in die wilde Natur und zu den großen Jungs, die sich hinter der Stadt mit wuchtiger Eleganz ausbrei-ten: den Rocky Mountains. Und natür-lich den National Parks von Banff und Jasper, die mit ihren fast unwirklichen Ausblicken, Gletschern, Tälern und Wan-derwegen jedes Outdoor-Herz schneller schlagen lassen. Das erkannte Eisen-bahnkönig William van Horne bereits im 19. Jahrhundert. Ganz der weise Ge-schäftsmann, brachte er mit einer simp-len Feststellung den Tourismus nach Al-berta: „Da wir die Berge nicht zu den Menschen bringen können, müssen wir eben die Menschen zu den Bergen brin-gen." Gesagt, getan. Die Erschließung der gesamten Provinz und der nördlich an-grenzenden Territorien begann. Horne war längst noch nicht fertig mit cleveren Ideen: 1887 gab er das Springs Hotel in Banff in Auftrag. Im gleichen Jahr war das Land drumherum zum ersten Natio-nalpark Kanadas erklärt worden. Unter anderem hatten Bauarbeiter beim Bau der Canadian Pacific Railway am Sul-phur Mountain heiße Quellen entdeckt,

DIE MEISTEN REISENDEN SIND AUF DEM SPRUNG IN DIE WILDE NATUR.

Horne wiederum war heiß auf die Finan-zierung seiner Bahnstrecke durch Touris-ten – um Naturschutz ging es dem ge-bürtigen US-Amerikaner also bei Weitem nicht.

Und er sollte Recht behalten: Die Mas-sen kamen und strömen immer noch in den Banff National Park. Fünf Millionen sind es jährlich. Die Ausmaße lassen Na-turschützer seit Jahren um Einschrän-kungen kämpfen. Mittlerweile darf kei-

Moraine Lake im Banff National Park (oben); in den Straßen von Banff (Mitte); im Whyte Museum of the Canadian Rockies (unten)

Oben: Türkis schimmert Peyto Lake im Banff National Park, erreichbar über den Icefields Parkway. Diese 232 Kilometer lange Traumstraße verbindet Lake Louise mit Jasper und folgt dem Kamm der Rocky Mountains.

Unten: Lake Louise gehört zu den meistbestaunten Naturwundern. Das Hotel Fairmont Chateau am Ufer ist eine erste Adresse.

Rechts: Unmittelbar östlich an das Massiv des Mount Robson grenzt der Jasper National Park. Ein beliebter Tagesausflug ab Jasper führt zum Maligne Lake. Dann geht es mit einem der Ausflugsboote weiter zum Spirit Island.

Unten: Südlich an den Banff National Park schließt sich der Peter Lougheed Provincial Park im Kananaskis County an. Begegnungen mit einem Grizzly? Sind möglich!

Links: Im unendlich groß erscheinenden Nadelwald Kanadas hausen außer Bären und Wölfen auch Wapitihirsche – wie dieses Prachtexemplar am Pyramid Lake im Jasper National Park.

Im Banff National Park können Mutige das Bergsteigergefühl auskosten, gut gesichert auf dem Via-Ferrata-Klettersteig.

ner der Parks mehr für kommerzielle Nutzung freigegeben werden, die Einwohnerzahl von Banff-Stadt wurde auf 10 000 begrenzt. Im Ort herrscht zu jeder Jahreszeit Touristen-Schulterreiben, kein Wunder bei dieser Traumlage und den vielen spektakulären Naturwundern wie dem spiegelglatten Moraine Lake im Tal der zehn Gipfel, der wilden Schlucht des Johnston Canyon und dem unendlich viel fotografierten Lake Louise. Der türkis schimmernde Peyto Lake wird jedem die Sprache verschlagen, ebenso wie Albertas schönste Route, der 231 Kilometer lange Icefields Parkway, der von Banff nach Jasper führt – Topziel mit Gänsehautgarantie.

DIE BÄRENDICHTE IST HOCH

Wer die etwas weniger genutzten Routen einschlagen will: Canmore ist ein entspannter Wintersportort und Wander-Walhalla. Das Canmore Nordic Centre ist ein Überbleibsel der Olympischen Winterspiele von 1988. Und auch Radfahrer finden hier ihr hügeliges Mekka: Durch den Ort geht alljährlich die Rocky Mountain Challenge, bei der knallharte Mountainbiker, schlammverdreckt und selig grinsend, ihr Können (und Durchhaltevermögen) beweisen.

Auf kurvigen Schotterstraßen geht es vorbei an dichten Wäldern und Aussichtspunkten auf das Bow-Tal durch die unberührte Natur – mit großer Wahrscheinlichkeit trifft man hier früher oder später auf Braunbären und bisweilen auf Grizzlys.

Und es geht noch leerer: Der Waterton Lakes National Park, 270 Kilometer südlich von Calgary in der Südwestecke Albertas, wurde vom Highway sowie Mr. Hornes Eisenbahnbau missachtet, was ihn heute zum Geheimtipp macht. Mit 525 Quadratkilometern ist er zwar der kleinste Nationalpark der kanadischen Rockies – doch wer kann schon dem bildhaften Namen „Land of Shining Mountains" widerstehen? So bezeichneten die First Nations die steilen Spitzen dieser Bergwelt. Und tatsächlich: Im Licht des Sonnenuntergangs liegt ein goldener Schimmer auf den Steilhängen. Oder man fährt auf unendlich wirkenden Straßen wie dem Mackenzie Highway in den hohen Norden, wo die Temperaturen immer etwas kühler und die Aussichten immer etwas intensiver sind. Man darf sich auf langes Sitzen im Auto, aber auch auf eine grandiose Wildnis wie im Nahanni National Park gefasst machen. 600 Kilometer Naturrausch? Alberta macht es möglich. Die Northwest Territories geben den Begriffen Weite und Faszination ohnehin ganz neue Dimensionen. Das gelingt der Provinz im-

mer genau dann, wenn man denkt, das „echte Kanada" erkundet zu haben. Grizzly gesehen? Elche fotografiert? Mit Sicherheit taucht bald ein neues Naturspektakel auf – wie die Victoria Falls, die zwar nicht so breit, aber dafür doppelt so hoch sind wie die Niagarafälle.

EIN HOCH AUF DIE BÜFFEL

„Get the taste of Alberta", steht auf dem Schild vor einer kleinen Autobahnraststätte. Es duftet deftig. „Bison Burger", sagt der ältere Herr mit rot-weiß gestreifter Schürze im besten 1960er-Jahre-Diner-Stil und streckt den Daumen nach oben. Das fertige Gericht mit Brötchen, Tomaten und Salat schmeckt erstklassig, sehr intensiv und aromatisch, kein bisschen trocken oder zäh. Im Land des „Moose", wie die herrschaftlichen Elche hier genannt werden, grasen heute vor allem Rinder auf den Ranches, doch auch die Büffelzucht ist noch beliebt. Die höchste Wahrscheinlichkeit, Büffel und Elche zu sehen, bietet Elk Island, Kanadas einziger eingezäunter Nationalpark mit einer besonders hohen Dichte von grasfressenden Säugetieren.

STADT DER ENTREPRENEURE

Die Rivalität zwischen Calgary und Edmonton, den beiden Ölstädten, ist legendär. Sie besteht, seit Alberta 1905 Kanada

Pelzhandel hat Edmonton entstehen lassen, der Goldrausch am Klondike machte dann aus dem winzigen Nest eine Metropole. Heute ist Edmonton Albertas Hauptstadt. Mit den bunt beleuchteten Fontänen bildet das Parlamentsgebäude auch nachts einen Eyecatcher.

Edmontons Dienstleistungsindustrie treibt kreative Blüten: Stylishe Adressen sind u. a. der Duchess Bake Shop und die Rockabilly Boutique Mars & Venus (Foto).

Herz von Downtown ist der Sir Winston Churchill Square mit der Art Gallery of Alberta. Stararchitekt Randall Stout kreierte das Äußere, drinnen wird moderne kanadische Kunst gezeigt.

Edmonton steht oft im Schatten des quirligen Calgary. Warum eigentlich? Coole Bars gibt's hier wie dort zuhauf.

Auch die Künstlerszene fühlt sich hier zu Hause. Peter Robertson betreibt in der 124th Street eine Kunstgalerie.

Special

Urgeschichte

Willkommen in Dinopark

....

Der Gedanke an Jurassic Park ist naheliegend, sobald man in Drumheller ankommt: Dinosaurier überall! Doch keine Angst, hier, im Nordosten von Calgary, herrscht kein futuristisches Schaulaufen der Giganten. Stattdessen stehen meterhohe Versionen von T. Rex und Co. aus Fiberglas, Kunststoff und Stahl am Wegesrand.

Der Tyrannosaurus Rex beispielsweise überragt mit seinen 25 Metern Höhe alles in Drumheller – über 106 Stufen geht es zur Plattform im Sauriermaul. Oder lieber gleich die Fossilien im Drumheller Valley Interpretative Centre und in dem grandiosen Royal Tyrrell Museum bestaunen (www.tyrrellmuseum.com)?

Das prähistorische Leben wird hier durch riesige Dinoskelette und Ausgrabungsfunde lebendig. Der Dinosaurier-Trail am Highway 838 führt auf einer Strecke von über 56 Kilometern durch die surreale Mondland-

Ein Albertosaurus im Royal Tyrell Museum

schaft der Bandlands mit ihren skurrilen Felsformationen. 1884 entdeckte Joseph Burr Tyrrell, Sohn irischer Einwanderer und passionierter Geologe, in der Gegend von Drumheller Kohlevorkommen – und eben Dinosaurierfossilien. Die hatten in der Kreidezeit das Red Deer River Valley bevölkert. Heute kann man Wissenschaftlern beim Ausgraben und Präparieren der fossilen Überreste über die Schultern schauen.

beitrat. Kurz darauf wurde das 1795 als Handelsposten gegründete Edmonton Hauptstadt, sehr zum Unmut des schon damals größeren Calgary: Mit Stampede und Rocky-Mountain-Lage sei man definitiv die Spaßkapitale der Provinz, im Gegensatz zu „Deadmonton", wie ein britischer Journalist die Stadt 2001 bei den Leichtathletik-Weltmeisterschaften bezeichnet hatte. Dabei ist die Ölstadt, wenn auch nicht ganz so quirlig wie Calgary, durchaus kein Ort von Stubenhockern. Gemeinhin als Festival-City bekannt, jagt ein Open-Air-Fest das nächste. Streetdancer vor dem Parlament gehören zum Stadtbild. Und mit 2300 Sonnenstunden im Jahr ist Albertas Hauptstadt eine der sonnigsten – wenn auch nicht gerade wärmsten – Metropolen des Landes. An den langen Tagen im Juni ist es von 5.30 bis 22.00 Uhr taghell. Kein Wunder also, dass alles radelt, skatet oder joggt, und das am liebsten die Glenora Stairs über dem River Valley auf und ab: 202 Stufen für Hartgesottene.

Wer es ruhiger mag, schlendert in Old Strathcona oder entlang Whyte Avenue von einer Boutique zum nächsten Café und entdeckt die kleinen Juwelen der Stadt. Junge Kreative und Start-ups werden gefördert, mutige Ideen haben hier Potenzial und entladen sich in Projekten. Edmonton, die Stadt der Entrepreneure.

Cowboy-Outfit

PRÄRIE-FASHION AUS CALGARY

Cowboy-Stimmung überall: In Calgary werden nicht nur während der Stampede Stiefel, Hut und dicke Gürtelschnalle getragen – auch abends führt so manch einer seine lässige Rodeo-Gala-Uniform spazieren. In Calgary produzieren Werkstätten, zu denen auch die Rodeo-Helden gehen, „White Hats" und Cowboy-Boots.

Sieht schon ganz gut aus: Cowboy-Styling beim Ausritt am South Saskatchewan River

„Die ziehst du nie wieder aus", verspricht Ben Gerwig beim Anprobieren der neuen Cowboy-Boots. Dann kommt der Haken: „sobald du sie eingetragen hast." Der „break-in" so fester neuer Lederstiefel, lerne ich, kann sich hinziehen. Dann sitzen sie aber perfekt – für immer. Man infiziert sich schnell mit dem Cowboy-Fieber in Calgary, und so ziemlich jeder empfiehlt für das perfekte Paar Stiefel die Traditionsmanufaktur der Stadt: Ben Gerwigs Alberta Boot Company.

SCHUHE NICHT NUR FÜR HELDEN

6000 Stiefel hat der große Laden zur Auswahl, aber wem die Idee vom ganz eigenen, handgefertigten Paar im Kopf herumschwirrt – das ist die Spezialität des Familienunternehmens. Am besten Zeit (oder bereits genau abgemessene Maße) mitbringen. In langen Gesprächen muss zunächst der Stil – Spitz? Rund? Hoch? Nur bis zum Knöchel? – besprochen werden, dann geht es weiter mit Le-

derfarbe, -dicke, -musterung, -härte und was es sonst noch alles gibt, um diesen einen Stiefel so persönlich wie möglich zu machen. Am Ende wird Maß genommen und dann – muss man warten. Ein paar Tage dauert die Produktion, immerhin werden die Boots von Hand gefertigt.

1963 zog Clement F. Gerwing, Pilot für das British Commonwealth im Zweiten Weltkrieg, mit seiner Frau und sechs Kindern von Saskatchewan nach Calgary, um ein eigenes Geschäft zu gründen. 1968 öffneten die Türen als Verkaufsladen mit kanadischen, mexikanischen und amerikanischen

Stiefeln. 1978 werden die ersten eigenen Boots in der Alberta Boot Company angefertigt. Seitdem wird, mit Ben Gerwing nun in dritter Generation, geschnitten, genagelt und letztendlich anprobiert. Und man ist in guter Gesellschaft: Selbst die Royal Canadian Mounted Police ordert hier ihr Schuhwerk, Stars und Sternchen – und natürlich auch die Rodeo-Helden der Stampede.

ZEHN TAGE RODEO

Jeden Juli wird die Metropole zum Cowboy-Epizentrum. Rodeofan oder nicht: Man sollte sich das zehntägige

Bei Smithbilt Hats in Calgary werden die Cowboyhüte mit traditionellen Pressen und Dampf in die optimale Form gebracht.

Pause mit Hut auf der La Reata Ranch (oben); fürs handgemachte Schuhwerk sorgt die Alberta Boots Company (unten).

DIE SACHE MIT DEM WHITE HAT

Und dann ist da noch der Hut. Der offizielle „White Hat" wird traditionell von Smithbilt angefertigt. 1919 von Morris Schumiatcher mit 300 Dollar gegründet, wurden zunächst Hüte aller Art im Laden angefertigt, dann kam 1946 der erste Western-Hut.

Die Legende des „White Hats" entstand 1947, als die Familie des Ölmagnaten Bill Herron mit weißen Hüten von Smithbilt, die perfekt zum restlichen Outfit, den Sätteln und Halftern passten, bei der Stampede auftauchte. Nachdem die Herrons den ersten Platz in der Kategorie „Bestes Outfit" bekommen hatten, war der Trend für die Stampede 1948 gesetzt, bei der so ziemlich jeder Weiß trug. Die Tradition, einen „White Hat" als Gastgeschenk zu bekommen, kreierte indes Calgarys damaliger Bürgermeister Don MacKay, als er 1950 mit einer Gruppe Stampeders nach Toronto reiste und die weißen Hüte bei den Ostkanadiern Begeisterungsstürme auslösten. Als Dank für die Gastfreundschaft überreichte MacKay seinen Smithbilt Torontos Bürgermeister – ein Trend war geboren.

EIN HUT FÜRS LEBEN

Bis heute wird bei Smithbilt von Hand produziert, und das mit den Originalmaschinen, die Morris Schumiatcher in den Anfangstagen einsetzte. Wer sich einen Smithbilt schneidern lassen will, kann zwischen Filz und Wolle wählen – und dann natürlich zwischen unterschiedlichen Farben. Der Hutstoff kommt auf einen der 100 klassischen Hutblöcke, der Form und Größe bestimmt. Mit Dampf und Druck wird dann gepresst. Für den typischen Smithbilt-Stil geht es auf einen hydraulischen Block; später werden die Details von Hand abgenäht. Produktionszeit: mindestens eine Woche. Haltbarkeitszeit: ein Leben lang, verspricht das Unternehmen.

Und ganz nebenbei bekommt man noch ein paar weise Tipps mit auf den Weg: Falls Whiskey über den Smithbilt gekippt wird: sofort abwaschen und mit dem Finger trockenbürsten. Damit der Hut nie aus der Form kommt: auch beim Schlafen tragen.

Spektakel nicht entgehen lassen. Zwar muss man Hotels weit im Voraus buchen, wird aber mit einem Dauerfest aus guter Laune, Pferdeshows, Konzerten und vor allem viel Country-Fashion zum Anschauen belohnt. Denn auch die Stars der Rodeoszene haben ihre Trends, Hits und Flops, was die Kleidung angeht. Mal sind karierte Hemden in, dann wieder Westen und Fransen, der Schmuck ändert sich. Für den unerfahrenen Country-Laien sind das kaum sichtbare Kleinigkeiten. Für die echten Rodeofanatiker aber genau das Gegenteil.

Informationen

....

Alberta Boots Company
121 10th Ave SE, Calgary,
Tel. +1 403 263 46 23, www.albertaboot.com

Smithbilt Hats
1015 11 St. SE, Calgary, Tel. +1 403 244 91 31
www.smithbilthats.com

Cowboy-Fashion ist ein Markt für Kenner. Die wissen sofort, was ein echter „White Hat" ist.

COWBOYFEELING UND ROCKYPANORAMA

Große Städte, winzige Orte, viel gutes Essen und eine Naturvielfalt, die von Gletschern über wüstenhafte Täler bis zu Tundra reicht. Ach ja, und die Rockies sind natürlich allgegenwärtig. Ganz egal, ob man sich in der Cowboykultur, der Kunstszene oder allein in der Natur wohler fühlt, Alberta findet für jeden etwas.

❶ Calgary

Hier vereint sich die Prärie mit den hoch aufragenden Rocky Mountains. Die größte Stadt Albertas (1,4 Mio. Einw.) wird vom Ölbusiness geprägt. Versicherungsgesellschaften und Investmentunternehmen machen die Downtown mit ihren aufstrebenden Wolkenkratzern zum geschäftigen Mittelpunkt der City. 1988 wurden in Calgary die Olympischen Winterspiele abgehalten.

SEHENSWERT

191 Meter geht es nach oben auf den **Calgary Tower** (101 9 Ave. SW, www.calgarytower.com; tgl. 10.00–21.00 Uhr) zum besten Ausblick auf Stadt und Rockies. Für Mutige: 2005 wurde ein Stück Glasboden installiert. Jaume Plensas **„Wonderland"-Skulptur** (110 6 Ave. SE) vor dem Bow Tower ist ein schöner Kontrast zur Skyline-Szenerie von Downtown. Über die rote **Peace Bridge** von Santiago Calatrava können Fußgänger und Radfahrer seit 2012 den Bow River überqueren.

MUSEEN

Musikfreunde werden im **National Music Centre's Studio Bell** (850 4 St. SE, www.studiobell.ca; tgl. 10.00–17.00 Uhr) ihre Freude haben. Es lockt mit Ausstellungen, Konzerten und einer Canadian Music Hall of Fame. Auch von außen ein architektonisches Kunstwerk! Das **Glenbow Museum** wird bis ca. 2026 zu einem spektakulär modernen Bau renoviert, die Kernstücke sind aber im **Glenbow at The Edison** zu sehen (Second Floor, 150 9 Ave SW, Mi.–Fr. 11.00–19.00, Sa./So. 10.00–18.00 Uhr).

RESTAURANTS / HOTEL

Die Rodeo-Legende lebt! Wer sie sucht, wird bei € € **Ranchmans** (9615 Macleod Trail SE, Tel. +1 403 253 11 00, www.ranchmans.com) fündig – inklusive Line-Dancing, Stampete-Trophäen und Pferdesätteln als Dekor.
Mitten im Herzen der vibrierenden Downtown fügt sich das schicke € € **Hotel Arts** (119 12th Ave. SW, Tel. +1 403 266 46 11, www.hotelarts.ca) wie eine kleine Oase mit viel Holz, Kunst und zwei Restaurants mit Asian-Fusion-Küche ein.

Calgary: Peace Bridge (oben); moderne Kunst am Bow Valley Square (oben rechts); Dinos im Royal Tyrell Museum in Drumheller (unten)

ERLEBEN

Im berühmten **Saddledome** (555 Saddledome Rise SE, www.scotiabanksaddledome.com) wird Eishockey gespielt. Der **Olympic Park** (88 Canada Olympic Rd. SW, www.winsport.ca) ist im Sommer eine Spielwiese für Skateboarder und Mountainbiker, im Winter für Snowboarder.

INFORMATIONEN

Tourism Calgary, 120 9 Ave. SE, Calgary, AB, T2G 0X8, Tel. +1 403 263 85 10, www.visitcalgary.com

❷ Drumheller

Kanadas „Saurierhauptstadt" liegt im Tal des Red Deer River. Die Prärie ist dank Erdöl und Erdgas eine ressourcenreiche Gegend.

SEHENSWERT

Alles rund um die Dinos und um Fossilien vermittelt das unweit nordwestl. der Stadt gelegene **Royal Tyrell Museum** (tyrrellmuseum. com; Mai–Aug. tgl. 9.00–21.00, Sept. tgl. 10.00 bis 17.00, Okt.–April Di.–So. 10.00–17.00, bei verkürzten Öffnungszeiten nur Di.–So. 10.00 bis 17.00 Uhr). In den Badlands haben die Elemente skurrile Erdpyramiden geschaffen, die „Hoodoos". Der 60 km lange **Hoodoo Drive** ist ein Mix aus Mondlandschaft und Filmkulisse.

INFORMATION

Drumheller Visitor Information Centre, 60 1st Avenue West, Drumheller, Tel. +1 403 823 13 31, traveldrumheller.com

❸ Banff National Park

Ausgangspunkt für die Erkundung des Banff National Park, Kanadas ältesten Nationalpark (1885), ist das gleichnamige Städtchen – Banff ist der meistbesuchte Ort in den Rockies.

MUSEEN

Das **Buffalo Nations Luxon Museum** veranschaulicht die schwierigen Zeiten, aber auch das handwerkliche Können der First Nations (1 Birch Ave., www.buffalonationsmuseum. com; tgl. 11.00–17.00 Uhr). Spannend ist das **Whyte Museum of the Canadian Rockies** (111 Bear St., www.whyte.org; tgl. 10.00–17.00 Uhr), das die Geschichte und Kultur der Rockies aufrollt.

ERLEBEN

Wer dem Trubel entfliehen möchte, kann mit der **Banff Gondola** (www.brewster.ca) über den Bow River schweben. Dank der Thermalquellen wird neben Sport auch Wellness großgeschrieben (s. Favoriten S. 20/21). Ein Adrenalinkick ist der 2014 eröffnete **Columbia Icefield Skywalk** TOPZIEL (Icefields Pkwy, Banff, www.banffjaspercollection.com/attractions/columbia-icefield/skywalk; tgl. Mai, Okt. 11.00 bis 16.00, Juni–Aug. 10.00–17.00, Sept. 10.30 bis 16.00 Uhr). Die Glasplattform erhebt sich 280 m über dem Tal, ragt 35 m über die Klippen heraus und bietet einen unvergesslichen Ausblick.

RESTAURANT / HOTEL

Edles Kanada-Feeling in gemütlichen Holzhütten mit eigenem Kamin bietet die € € € **Buffalo Mountain Lodge** (700 Tunnel Mountain Rd, Banff, Tel. +1 403 410 74 17, crmr.com/buffalo). Zum Resort gehört auch The Prow, ein Spitzenrestaurant.

UMGEBUNG

Lake Louise, 51 km entfernt, ist ähnlich überlaufen, aber malerisch durch seine Berg-See-Lage. Im Winter lässt man sich per Kutsche um den gefrorenen See kutschieren. Ruhe verbreitet das Valley of the Ten Peaks – die Bergspitzen umrahmen den **Moraine Lake**. Einen Trip lohnen die Wintersportorte **Canmore** und **Kananaskis**, weitaus weniger touristisch. Hier begegnet man auf den kurvigen Straßen oft Bären und Elchen. Von Lake Louise führt der **Icefields Parkway** TOPZIEL nordwärts nach Jasper. Auf der über 200 km langen Straße reihen sich die Naturhighlights, die man sich von jeder Kanadareise erträumt, darunter einer der schönsten Seen Albertas, der **Peyto Lake** (für die besten Fotos am Parkplatz nach oben wandern!). Auch **Bow Lake, Mistaya Canyon, Mount Athabasca, Athabasca Glacier, Columbia Icefield** sorgen für Begeisterung.

INFORMATION

Banff Visitor Centre, 224 Banff Ave, Tel. +1 403 762 84 21, www.banfflakelouise.com

④ Jasper National Park

Hier scheint alles noch ein bisschen wilder: Es locken Gipfel wie der Edith Cavell (3363 m), Gletscher und Schneefelder wie das **Columbia Icefield**, Schluchten wie den Maligne Canyon, Wasserfälle wie die **Sunwapta Falls** und Bergseen.

Der Icefields Parkway: Traumstraße zwischen Lake Louise und Jasper

SEHENSWERT/MUSEUM

Jasper ist das touristische Zentrum. Die **SkyTram** (www.jasperskytram.com) tuckert hinauf auf den **Whistler Mountain** (2470 m). Über den wilden Maligne Canyon geht es nördlich vom Ort zum **Maligne Lake**, wo kleine Ausflugsboote zum Spirit Island (Info im Visitor Centre) ablegen.
Das **Jasper-Yellowhead Museum & Archives** (400 Bonhomme St., www.jaspermuseum. org; Juni–Sept. tgl. 10.00–17.00, Okt.–Mai Do. bis So. 10.00–17.00 Uhr) nimmt auf eine kleine Reise in die Vergangenheit mit.

ERLEBEN

Der **Pyramid Lake** ist herrlich für Bootsfahrten. Wesentlich wilder geht es beim **Rafting** auf dem Sunwapta und dem Maligne River zu. Vor allem Bergwanderer, Mountainbiker, Reitfreunde und Alpinskiläufer können im Marmot Basin ein gut 1000 km langes **Trailnetz** nutzen. Bei der Jasper Lodge treffen sich Golfspieler, und auch Angler finden hier ihr Paradies.

INFORMATION

Jasper National Park Information Centre, 500 Connaught Dr., Tel. +1 780 852 62 36, www.pc.gc.ca/en/pn-np/ab/jasper

⑤ Edmonton

Vom Rest Kanadas oft stiefmütterlich behandelt, hat Albertas Hauptstadt als „Gateway to the North" eine wichtige Rolle beim Aufblühen des Nordwestens gespielt. Heute bringen Start-ups frische Energie in Stadt und Szene.

SEHENSWERT

Am Flussufer stechen die Glaspyramiden des **Muttart Conservatory** (9626 96a St. NW, muttartconservatory.ca; tgl. 10.00–17.00, Mi., Do. bis 21.00 Uhr) ins Auge.
Das historische Viertel **Old Strathcona** ist ein bunter Mix aus Alt und Neu. Junge Kreative (Design und Kunst) und Restauratoren haben die Nachbarschaft zur It-Gegend gemacht. **Whyte Avenue** ist die Ausgehmeile für Nachteulen.

MUSEEN

Die Zeit des 19. Jh.s lässt das Freilichtmuseum **Fort Edmonton Park** aufleben (7000 143 St., www.fortedmontonpark.ca). Die **Peter Robertson Gallery** (12323 104 Ave. NW, www.probertsongallery.com; Di.–Sa. 11.00–16.00 Uhr) ist bekannt für eine spannende Mischung aus jungen und gestandenen Künstlern. Witzige Farbkleckse im Stadtbild sind die Schilder des **Neon Sign Museums** (104 St. NW). Im weißen Beaux-Arts-Gebäude des **Parlaments** (10800 97 Ave. NW, www.assembly.ab.ca) werden tgl. Führungen angeboten. Im Glas-, Granit- und Stahlbau der **Art Gallery of Alberta** des Architekten Randall Stout (2 Sir Winston Churchill Sq.,

Tipp

Streetcar mit Ausblick

Knallgrün und putzig klein tuckert die High Level Bridge Streetcar über die Hochbahntrasse. Auf Edmontons ältester Straßenbahnstrecke, die von 1908 bis 1951 regulär genutzt wurde, ist ein netter Ausflug mit Blick über den North Saskatchewan River möglich. Die Edmonton Radial Railway Society ließ etliche alte Waggons restaurieren. Zwischen Mai und Oktober pendeln sie nun von der Alberta Arts Barn (Gateway Boulevard) bis Jasper Plaza (109 St.).

INFORMATION

www.edmonton-radial-railway.ab.ca

www.youraga.ca; Mi.–So. 11.00–17.00, Do. bis 19.00, bei verkürzten Öffnungszeiten Do.–Sa. 11.00–17.00 Uhr) sind über 6000 historische und moderne Kunstwerke untergebracht.

Das Gebäude des **Royal Alberta Museum** birgt eine spannende Kollektion mit Schwerpunkt Natur und Geschichte, darunter auch über die First Nations (9810 103a Ave. NW, royalalbertamuseum.ca; tgl. 10.00–17.00, Do. bis 20.00, bei verkürzten Öffnungszeiten Mi.–So. 10.00–16.00 Uhr).

EINKAUFEN

Kleine Reise in die 1950er gefällig? In der **Rockabilly Boutique Mars & Venus** (10328 82 Ave., Tel. +1 780 434 04 67) finden sich die dazu passenden Taschen und Sonnenbrillen.

UMGEBUNG

30 Minuten östlich der Stadt liegt der **Elk Island Park** (Tel. +1 780 922 57 90, www.pc.gc. ca/eng/pn-np/ab/elkisland/index.aspx) mit dichten Wäldern, Lichtungen und Scharen von Elchen, Büffeln sowie jeder Menge Nager.

INFORMATION

Edmonton Tourism, 9990 Jasper Ave., Tel. +1 780 401 76 96, www.exploreedmonton.com

❻ Nahanni National Park

Tiefste kanadische Wildnis breitet sich auf den 4800 km² des seit 1978 zum UNESCO-Weltnaturerbe ernannten Parks aus. Beeindruckender Kontrast zu den aufragenden Mackenzie Mountains sind die Virginia Falls, deren Wassermassen aus knapp 100 m in die Tiefe fallen. Kanuten und Wildwasserfahrer schätzen den Nahanni River wegen spektakulärer Touren.

INFORMATION

Nahanni National Park, Fort Smith, Tel. +1 867 695 77 50, www.pc.gc.ca/pn-np/nt/nahanni/index.aspx

❼ Yellowknife

Hier ist der Polarkreis fast schon greifbar, auch wenn er noch gut 400 km entfernt. Das Zentrum der Northwest Territories am Great Slave Lake erblühte durch den Goldrausch.

SEHENSWERT

Das **Prince of Wales Northern Heritage Centre** informiert über Stadtgeschichte und den Stamm der Dene, die hier ihre größte Community haben (4750 48th St., www.pwnhc. ca; tgl. 10.00–17.00, Do. bis 21.00 Uhr).

INFORMATION

Northern Frontier Visitors Centre, 4807 52nd St., Tel. +1 867 920 86 87, extraordinaryyk.com

ROLLENDE ERKUNDUNGEN

Ein bisschen wackelig ist es zunächst. Immerhin steht man auf einem kleinen Podest, das sich bewegt. Sobald die beiden dicken Räder rollen, ist das mit dem Gleichgewicht so eine Sache. Per Segway durch Edmonton – den etwas anderen und vor allem umweltfreundlichen Weg, die Stadt zu erkunden, verspricht die River Valley Adventure Tour. Die ersten Momente auf dem mobilen Gefährt sorgen in der kleinen Gruppe für Gekicher. Aber sobald man den Dreh heraus hat, ist es lustig und vor allem bequem.

Nach ein paar Testrunden rund um das Tourbüro rollen wir brav wie eine Entenschar hinter Guide Chloe her, in Richtung River Valley, eines Teils des Trans Canada Trails, der weltweit längsten Fernwanderstrecke laut Chloe. Langsam geht es weiter durch die Chinesischen Gärten und dann in Richtung der wuchtigen Bäume des Henrietta Muir-Edwards Park. Die Stämme stehen zum Glück weit genug auseinander – wobei man mit ein paar Stundenkilometern Antrieb auch nicht gerade außer Rand und Band gerät. Chloe zufolge kann das Gefährt zwar ganze 20 Kilometer pro Stunde schnell werden, den Übermut hat dann aber doch keiner von uns Segway-Fahranfängern. Außerdem wollen wir ja auch etwas über Edmonton lernen: Chloe erzählt aus der Stadtgeschichte und vom frühen Pelzhandel.

Man könnte auch laufen, aber fahren ist viel bequemer. Auch wenn es ungewohnt aussieht: Segwayfahren ist gar nicht schwer.

Dann geht es Richtung Innenstadt, nun kann man auf die regulären Straßen losgelassen werden. Keine Bange vor Unsicherheiten: Wo in anderen Städten Passanten genervt reagiert hätten, entschuldigen sie sich hier für die Beinahekollisionen, das ist herrlich nett kanadisch.

River Valley Adventure Tour Co., Louise McKinney Park, 9735 Grierson Hill, Tel. +1 780 995 73 47, www.rivervalleyadventure.com

Die Tour wird mit 60 oder 90 Minuten Dauer angeboten, in größeren Gruppen oder als Privaterkundung zusammen mit einem Guide. Neben den Segways bekommt man auch Helme gestellt. **Warme Kleidung** schadet allerdings nicht, der Wind kann durchaus frisch sein.

British Columbia bis Yukon

*

DER SOG DES NORDENS

*

Yukon ist durchzogen von Kontrasten: Land der Mitternachtssonne, der rauen Wildnis mit reißenden Flussläufen, eleganten Gletscherwelten und schier endlosen Routen hinauf in den Norden, wo die Gier nach Gold Land und Leute geprägt hat.

In Dawson Creek beginnt der Alaska Highway, Er führt durch British Columbia und Yukon und endet nach 2288 Kilometern in Delta Junction/Alaska. Dies ist die Szenerie bei Haines Junction.

Auf dem Alaska Highway heißt es, das Pedal durchdrücken und immer gen Norden. Weite Strecken, einsame Straßen, gigantische Landschaft. Und aus der Luft erlebt man die Weite der Region noch einmal aus einer anderen Perspektive.

Die Tankanzeige sollte man dringend im Blick behalten. Bei Pannen ist Geduld gefragt, bis auf der spärlich befahrenen Route jemand vorbeikommt.

Auf dem Alaska Highway zwischen Whitehorse und Haines Junction: In dieser Wildnis leben Bären und Elche. Aufpassen, sie kreuzen ab und zu die Fahrbahn!

Yukons Größe erschließt sich erst so richtig von oben, etwa bei einem Flug über die eisigen Gletscherwelten des Kluane National Park.

Es ist drei Uhr früh, und Jim spielt noch ein Lied. Die Finger des Althippies gleiten über die Gitarrensaiten, um ihn herum wird „Hotel California" angestimmt. Nein, das hier ist nicht San Francisco in den 1970ern, sondern überraschenderweise Dawson City, die einstige Goldstadt hoch im Norden. Man sitzt singend auf dem für das Städtchen typischen „Boardwalk". Im Sommer sind die Nächte lau, im Winter würde zur gleichen Zeit bei minus 40 Grad Celsius ein Schicksal wie im Jack-London-Roman warten. Der kleine Pulk bunt gemischter Bohemians, Künstler und Backpacker ist typisch für dieses „last frontier"-Städtchen. Die „letzte

Grenze" klingt für viele genau richtig, um die weite Reise auf sich zu nehmen. Immerhin warten hier im Norden krasse Gegensätze, brutale Rauheit und unbezähmbare Wildnis, Bodenschätze und karge Einöden, faszinierende Geschichten und seltsame Charaktere. Die Magie wirkt bis heute auf Touristen, aber auch auf Aussteiger und Eigenbrötler, die sich in der Einsamkeit verlieren und wiederfinden möchten.

Das wusste bereits Jack London, der sich, vom „Ruf des Goldes" getrieben, durch etliche Strapazen quälte und 1897 ein Jahr lang im Henderson Creek vergeblich nach Reichtum suchte. Auch wenn der Autor keinen einzigen Nugget

mit nach Hause nahm, schuf er aus den gewonnenen Eindrücken seine erfolgreichsten Werke wie „Ruf der Wildnis" oder „Wolfsblut". Andere verließen die für einen Sommer berühmteste Stadt Nordamerikas mit völlig leeren Händen.

DER GOLDRAUSCH

Am 16. August 1896 fanden George Carmack und seine Freunde in einem Nebenarm des Klondike Gold für eine Handvoll Dollar, damals ein Vermögen. Kurze Zeit später schürften 100 Digger am Bonanza Creek, kehrten mit Goldsäcken beladen nach Seattle und San Francisco zurück und lösten bei ihrer Ankunft eine Lawine aus. Hunderttau-

In Dawson City wird immer noch mit Gold das meiste Geld verdient, aber heute sind es Minengesellschaften, die mit Bulldozern graben und in aufwendigen Prozeduren durch Bohren und Waschen das begehrte Metall gewinnen. Den Lockruf des Goldes vernimmt man vor Ort aber immer noch.

Unten: Goldschmied Andrew Kuczynski von den Gold Trail Jewellers in Dawson City verarbeitet Nuggets.

Oben und links: Die alte Goldgräberstadt besinnt sich langsam auch auf den Tourismus. Ist ja kein Problem, die Fassaden der historischen Altstadt von Dawson City sind absolut authentisch. Im Museum kann jeder selbst sein Glück beim Goldwaschen versuchen.

Nach dem ersten Goldfund am Klondike stürmten Glücksritter aus der ganzen Welt den bis dahin winzigen Ort Dawson City.

Diamond Tooth Gerties

Special

Hoch das Bein!

Zu Zeiten des Goldrauschs eroberte der Cancan die Saloons.

Ein bisschen Kitsch darf sein: Am Abend wird in der Diamond Tooth Gerties Gambling Hall das Tanzbein geschwungen – nicht vom Publikum, sondern den hübschen Cancan-Tänzerinnen auf der Bühne.

In einer Stadt wie Dawson City, die von der Vergangenheit lebt und die Goldrauschzeiten zelebriert, dürfen hochgeworfene Röcke, Federboas und ein paar neckische Klapse auf die Oberschenkel nicht fehlen. Das Ger-

ties ist auch ein Spielkasino mit Pokertischen und allerhand Spielautomaten, die sind aber dezent in versteckte Ecken verbannt. Die meisten kommen für die Show: Dreimal am Abend verwandelt sich der große Saal in einen wilden Saloon, durch den Abend führt Gertie selbst, in wallendem Kleid wie gerade eben einem aufwendigen Wildwest-Epos entstiegen (1001 Fourth Ave, www.diamond toothgerties.ca).

sende „Stampeders" ließen alles stehen und liegen. Die Reise hinauf in den Norden führte über eisige Pässe und endete für viele tragisch bei der Überquerung des unberechenbaren Yukon. Andre gaben in der Heimat alles auf, um dann nach langem Suchen mit ein bisschen wertlosem Goldstaub dazustehen. 1899 war der Spuk vorbei. Der leicht zu schürfende Reichtum war weg, ein paar Glückliche hatten ihn abgesahnt.

Noch heute sieht man die katastrophalen Auswirkungen jener fieberhaften Suche nach Wohlstand. Das Umland von Dawson ist eine hässliche Mondlandschaft. Mächtige Maschinen verunstalten heute, was an freiem Terrain noch übrig ist: Gold wird jetzt maschinell gewonnen. Ansonsten ist da noch der Tourismus. Den musste die Stadt erst einmal entdecken. Denn was in alten Zeiten im hastigen Goldrausch so schnell aus dem Boden gestampft wurde und den illustren Titel „Paris des Nordens" erhielt, versank ab 1988 mitsamt seinen 40 000 Einwohnern, den Hotels, Saloons, Theatern und Bordellen im jahrzehntelangen Dornröschenschlaf.

DAWSON CITY WACHT AUF

Wach geküsst wurde Dawson City eher unsanft: 2004 war der Ort bankrott. Mit territorialen Zuschüssen wurde langsam

Von Whitehorse aus starten Touristen in den hohen Norden. Das gemütliche Städtchen ist seit 1953 Hauptstadt des Yukon Territory.

Vor dem Baked Café genießen Locals wie Touristen die Sonne.

Wo nicht einmal 0,1 Einwohner pro Quadratkilometer wohnen, muss Whitehorse geradezu wie eine Großstadt wirken.

Blick übers Tintina Trench Valley am Klondike Highway. Er verbindet Dawson, Whitehorse und Skagway in Alaska und gibt zudem einen überwältigenden Eindruck von der enormen Größe des Landes: Kanadas nordwestlichstes Territorium Yukon ist größer als ganz Spanien.

renoviert, was noch zu renovieren war. Nachgebaut wird bis heute nur im alten Stil. Der Trip in die Vergangenheit funktioniert, mit allerhand Kitsch und abendlichen Saloonshows bei Diamond Tooth Gerties (s. Special S. 93).

Vor allem im verhältnismäßig heißen Sommer kommen mit jedem Jahr mehr Neugierige, um in Nostalgie zu schwelgen. Oder um sich abzuseilen. Denn so manch einer bleibt. „Hier fragt dich keiner, was du vorher gemacht hast", sagt Mark aus Texas, dessen Oberarme mit Tattoos übersät sind und der gerade ein etwas schräges „Imagine" anstimmt, bevor sich die kleine Gruppe gegen 4.00 Uhr, es wird nördlich-früh bereits hell, in alle Richtungen zerstreut. Wieder andere träumen immer noch den Traum und leihen sich an den „Claims" sogenannte Schürfpfannen aus. Und fragt man im Ort, dann kennt jeder jemanden, der jemanden kennt, dessen Bekannter einen Brocken gefunden hat. Wahrheit oder Legende – der Mythos lebt weiter.

AUF DEM ALASKA HIGHWAY

Apropos Mythos: der Alaska Highway ist so einer. Welcher Kanadareisende träumt nicht davon, die unendliche Weite zwischen Dawson Creek im Nordosten von British Columbia bis nach Fairbanks in Alaska abzufahren? Und ja,

er ist lang. Und breit. Und überwältigend. Aber eben vor allem lang. Die Frequenzen des Radioprogramms spielen des Öfteren verrückt; wer kein Satellitenradio im Auto hat, sollte an CDs, Hörspiele oder einen plapperfreudigen Mitfahrer denken – etwas, das wach hält. Und an Benzin. Denn kanadische Weite bedeutet auch wenige Tankstellen, kaum andere Fahrzeuge. Es kann passieren, dass stundenlang keine Seele kommt.

Die abenteuerliche Yukonrundfahrt startet bei Whitehorse: Auf dem Alaska Highway tuckert man durch Haines Junction in Richtung Teslin Junction in Alaska. Über insgesamt 1400 Kilometer

geht es nach Dawson City und per Klondike Highway endet man wieder im – nach all der Einsamkeit plötzlich turbulent wirkenden – Whitehorse. Wer zwischendurch nicht genug bekommt von der Weite, der sollte auf den Dempster Highway abbiegen. Nach der Reise darf man damit angeben, den Polarkreis

überquert und sogar den arktischen Ozean erreicht zu haben, und zwar über den neuen, 147 Kilometer langen Inuvik Tuktoyaktuk Highway.

WHITEHORSE: ÜBERSCHAUBAR UND NETT

Auch wenn sie die Hauptstadt von Yukon ist und fast 28 000 Einwohner zählt, ist der erste Gang über die beiden Hauptachsen Fourth und Main Street in Whitehorse schnell getan. Doch dann quatscht man sich fest. Im Baked Café beispielsweise. Naomi fragt nicht nur nach dem Kaffeewunsch, sondern auch gleich nach Ziel und Plänen und wie

SO MANCHER BLEIBT. »HIER FRAGT DICH KEINER, WAS DU VORHER GEMACHT HAST.«

man die Stadt denn so findet. Viele junge Leute seien in den letzten Jahren hierhergezogen, sagt Naomi, was man an kleinen Galerien, Cafés und Restaurants erkennt. Am nächsten Tag auf der Main Street nickt man den „alten Bekannten" vom Vorabend zu. Whitehorse macht es einem sehr leicht, sich wohlzufühlen.

Waghalsige Outdoor-Trends

ABSOLUT ATEMBERAUBEND!

Wer einen Adrenalinkick mit Aussicht sucht, ist im Westen Kanadas mit seiner dramatischen Naturvielfalt bestens aufgehoben und kann sich von einem höchsten Punkt zum nächsten hangeln – oder mit Geschwindigkeit aus der Höhe ins Tal rauschen. Das alles immer mit Bilderbuchpanorama.

1 Ziplining in Whistler

Heidenspaß für Schwindelfreie: festgezurrt mit Gurt, auf dem Kopf ein Helm, die Beine hängen im Freien – es fühlt sich ein bisschen wie Fliegen an. Der Trip nach unten ins Tal von Whistler ist nicht zu schnell und führt über tiefgrüne Baumwipfel und die eifrigen Skifahrer an den Hängen hinweg. Wer länger durch die Luft gleiten will, sollte die Tour „The Sasquatch" wählen. Sie erstreckt sich über sagenhafte zwei Kilometer.

Whistler,
Tel. +1 866 935 00 01,
www.ziptrek.com

2 Wildwasserrafting in Yukon

Kanadas Westen ist berühmt-berüchtigt für seine reißenden Flüsse und wilden Strömungen. Der Tatshenshini River im Kluane National Park hat so ziemlich alle Stufen in petto, vom ruhigen Plätschern über aufregende Strudel bis zu wilden Stellen, an denen das ganze Boot baden geht. Das wiederum macht man besser in den ausleihbaren Wet-Suits – das Wasser ist kalt. Mit Helm und Paddel ausgestattet, wird es einem im knallblauen Gefährt während des mehrstündigen Abenteuers schnell wieder warm. Da die Sonne brennt, die Sonnencreme nicht vergessen! Die erfahrenen Guides treiben die Mannschaft im Boot an, führen selbst kleine Stunts vor, machen ausgiebige Fotostopps und versorgen die hungrige Meute mit einem deftigen Picknick mit tollen Sandwiches, frischem Gemüse und Kaffee oder Tee. Die Crew lädt dann einige Fotostrecken von der wilden Wasserfahrt auf Facebook in ein Album – ein nettes Andenken an das Abenteuer.

Tatshenshini River
Rafting, Yukon,
Tel. +1 867 633 27 42,
www.tatshenshiniyukon.
com

3 Zodiac-Fahrt in Vancouver

In knallrote wind- und wasserfeste Anzüge gepackt, pfeift einem Vancouvers Brise im schnellen Zodiac doch ganz schön um die Ohren. Der Thrill des rasanten gelben Motorbootes ist, dass sich die Spitze immer etwas nach oben neigt und die Kurven scharf sind. Gibt der Kapitän Gas, hüpft das Gefährt in rhythmischem Auf und Ab übers Wasser. Gepaart mit der vorbeirauschenden Skyline hat das etwas Futuristisches und ist definitiv die abenteuerliche Variante der altbekannten Stadtrundfahrt. Außerdem lernt man die Stadt von ihrer Wasserseite kennen, die Berge heben sich im Hintergrund in den Himmel, davor schimmern die Skyscraper – das volle Postkartenpanorama. Und dank Kopfhörer und pfiffigem Guide bekommt man trotz der Geschwindigkeit einiges von Geschichte, Persönlichkeiten und Architektur der Metropole mit. Vom Vancouver Inner Harbour geht es zum Burrard Inlet (wer Glück hat, sieht hier sogar Otter im Wasser) und weiter bis Stanley Park – das alles bei zügigen 55 Stundenkilometern.

1601 Bayshore Drive,
Vancouver,
Tel. +1 604 633 64 13,
www.seavancouver.com

④ Mit dem Motorrad durch die Rockies

Im Auto gemütlich durch die Rocky Mountains zu kurven, ist eine Sache – den Trip auf dem Motorrad zu machen, steigert das Erlebnis aber noch beachtlich. Hinter jeder Kurve wartet ein neuer Aha-Moment. Legendäre Routen wie der Alaska Highway berauschen durch ihre schier unendliche Weite und eine faszinierende Einsamkeit. Einsame Wölfe gleiten allein durch die Szenerie, wer Anschluss sucht, schließt sich einer Gruppe an: Im Pulk dreht man tags-über seine Runden, abends tauscht man sich gemeinsam bei Bier und Burger über die Erlebnisse aus. Wer sich einen Traum erfüllen will, aber nicht mit dem eigenen Bike in Kanada ist: Man kann die Maschinen auch ausleihen. Oder gleich einen Fahrer engagieren und als Beifahrer das Panorama, vorbei an Seen und Felsmassiv, genießen.

610 Patricia St., Jasper, Tel. +1 780 931 61 00, www.jaspermotorcycle tours.com

⑤ Traum vom Bergsteigen auf der Via Ferrata

Schon immer Bergsteigerträume gehegt, aber noch keine Viertausender bestiegen? Die Via Ferrata ist ein Kompromiss. Ausgestattet im vollen Mountaineer-Look geht es über atemberaubende Routen auf den Berg – abgesichert mit Stahlseilen, begleitet von einem erfahrenen Guide. Anfänger können zwischen 2,5 und vier Stunden wählen, wer länger kraxeln möchte, kann auch Touren von fünf oder sechs Stunden machen. An den steilen Bergwänden sind die Pfade eng: Feste Schuhe sind ebenso zu empfehlen wie lange Hose und eine windfeste Jacke und Handschuhe. Helme und den Rest der Ausrüstung bekommt man gestellt. Und man sollte einigermaßen schwindelfrei sein, denn so manche Stelle lässt trotz Absicherung den Magen Achterbahn fahren. Immer-hin geht es stellenweise auf 2235 Meter Höhe. Beim Klettern über Leitern und eine 30 Meter lange Hängebrücke wird beispielsweise die Höhenangst getestet. Aber der Adrenalinkick und der unglaubliche Ausblick sind alles wert.

Mount Norquay, Jasper, Tel. +1 403 762 44 21, banffnorquay.com/sum mer/via-ferrata

VOM GOLDRAUSCH GETRIEBEN — DER RAUE NORDEN

Einsamkeit pur – so stellt man sich Kanada vor. Und genau das bietet der Norden des Landes. Es kann gut passieren, dass man auf den langen Strecken am Yellowhead Highway oder dem Alaska Highway keiner Menschenseele begegnet. Die Entfernungen sind immens, aber mit dem Auto ist alles machbar.

❶ Bella Coola

Heute endet in Bella Coola der 457 km lange Highway 20 – auch als Alexander MacKenzie Highway bekannt. Nachfahren des Nuxalk-Stamms leben noch heute in der Fjordland-schaft, Ende des 18. Jh.s hatten sich zudem norwegische Auswanderer in der fischreichen Gegend niedergelassen. Eine Fähre geht von hier nach Port Hardy auf Vancouver Island.

ERLEBEN
Das Leben hier und auch die Freizeit dreht sich ums Wasser: **Whalewatching, Angeln** und **Seekajak-Touren** sind besonders beliebt. Im Juli findet seit 1998 jährlich das **Bella Coola Music Festival** mit Rock, Folk, Blues und Native Bands statt.

UMGEBUNG
Nur mit dem Boot erreichbar ist der **Sir Alexander Mackenzie Provincial Park** nördlich am Dean Channel. Hier gibt es auch einige Siedlungen der First Nations. Etwa eine Stunde entfernt breitet sich der weitläufige **Tweedsmuir Provincial Park** aus, der die wildreiche Region schützt.

INFORMATION
Bella Coola Valley Tourism, 452 MacKenzie St., Tel. +1 250 799 52 02, www.bellacoola.ca

❷ Barkerville

Die einstige Boomtown in den Cariboo Mountains präsentiert sich heute als Goldgräber-Freilichtmuseum.

SEHENSWERT
Der Besuch der **Barkerville Historic Town** (14301 Barkerville Hwy. 26, www.barkerville.ca; tgl. 8.00–20.00 Uhr, Okt.–Mai eingeschränktes Programm) mit ihren hübschen, tipptopp renovierten Bauten gleicht einer Reise mit der Zeitmaschine. Das ganze Jahr über kann man das harte Leben der Goldgräber hautnah erleben und nachspielen oder auch eine Runde mit der Postkutsche drehen.

VERANSTALTUNGEN
In Quesnel finden im Juli traditionell die **Billy Barker Days** (www.billybarkerdays.ca) statt, die an den Cariboo-Goldrausch erinnern.

UMGEBUNG
Kajakfans und Kanuten finden im **Bowron Lake Provincial Park** ein Paradies mit einem dichten Netz aus Seen und Flüssen.

INFORMATION
Barkerville Historic Town, 14301 Hwy. 26 E., Tel. +1 888 994 33 32, www.barkerville.ca

❸ Prince George

Die „Northern Capital" von British Columbia ist auf den ersten Blick wenig schön, dafür aber eine wichtige Verkehrsachse und das Wirtschaftszentrum – und das bereits seit 1807, als hier ein Handelsposten gegründet wurde. Der Eisenbahnanschluss 1908 bekräftigte dies.

SEHENSWERT/MUSEEN
Im **Lheidli T'enneh Memorial Park** (17th Ave., www.tourismpg.com/activities/lheidli-ten neh-memorial-park) ist der 1807 errichtete Stützpunkt nachgebaut. Die Stadt ist bekannt für ihre Universität mit Fokus auf First Nations, einem eigenen Sinfonieorchester und den Galerien.
Musealer Mittelpunkt der Stadt ist der Museumskomplex **Exploration Place** (333 Becott Place, www.theexplorationplace.com; tgl. 9.00 bis 17.00, Do. bis 20.00 Uhr) auf dem Gelände einer alten Fortanlage. Die First Nations Gallery der Anlage zeigt die Kultur der Dakelh.
Die **Two Rivers Gallery** (725 Canada Games Way, www.tworiversgallery.ca; Di.–So. 10.00 bis 17.00, Do. bis 21.00, bei verkürzten Öffnungszeiten Mo.–Fr. 10.00–17.00 Uhr) bezaubert mit Ausstellungen sowie Kunst-Klassen und -Workshops.

ERLEBEN
Über 1600 Seen und Flüsse befinden sich im Umkreis von einer Autostunde: Angler, Wassersportler, aber auch Wanderfans können sich rund um Prince George austoben.

Auf dem Alaska Highway bei Haines Junction: Keine Gelegenheit zum Tanken auslassen!

INFORMATION
Prince George Visitor Info Centre, 1300 1 Ave., Tel. +1 250 562 37 00, www.tourismpg.com

❹ Skeena Valley

Der Skeena ist die Lebensader der rauen Landschaft. Die Tsimshian und Gitxsan lebten, fischten und handelten lange vor den Farmer- und Goldgräberzeiten am fischreichen Fluss. Heute schlängeln sich die Eisenbahn und der Yellowhead Highway durch das Tal.

SEHENSWERT
Das Freilichtmuseum **'Ksan Historical Village** (1450 Ksan Rd., Hazelton, www.hazeltons tourism.ca/ksan-historical-village-and-museum.html; Mai–Sept. Di.–Sa. 9.00–17.00 Uhr) bei Hazelton wurde 1950 als Nachbildung eines First-Nations-Dorfes angelegt. Der Gitxsan-Stamm lebt seit Tausenden Jahren in dieser Gegend und ist bekannt für seine kunstvollen Masken, Totems und Alltagsgegenstände. Stammesältere geben heute auf dem Gelände das traditionsreiche Handwerk an die jungen

Generationen weiter. Die **Fort Kitwanga National Historic Site** (Kitwanga North Road, Tel. +1 250 599 88 18, www.pc.gc.ca/eng/lhn-nhs/bc/gitwangak/index.aspx) schützt eine alte Festung der Gitxsan.

Nördlich stehen die ältesten **Totempfähle** der Region, darunter der fast 150 Jahre alte „Hole in the Sky Pole". Von Kitwanga hat man den schönsten Blick auf **Seven Sisters Mountains** (3000 m).

INFORMATION
Hazelton Area Tourist Information Centre, Churchill Rd., Tel. +1 250 842 60 71, www.hazeltonstourism.ca

❺ Prince Rupert

Der zweitwichtigste kanadische Pazifikhafen (13 000 Ew.) liegt malerisch inmitten der Fjordlandschaft und ist ein Ausgangspunkt für die Haida-Gwaii-Inseln und Alaska.

SEHENSWERT
Im **Museum of Northern British Columbia** (100 1st Ave. W, Tel. +1 250 624 32 07, www.museumofnorthernbc.com) werden im traditionellen Longhouse Tsimshian-Tänze und -Lieder vorgeführt. Ein spannendes Erlebnis sind außerdem die hier angebotenen archäologischen Touren.

RESTAURANT
An meterlangen Holztischen sitzt es sich gemütlich im € **Wheelhouse Brewing Co.** (380 Bill Murray Dr, Tel. +1 250 624 27 39, www.wheelhousebrewing.com). Bei einem West Coast Ale kommt man mit den Locals ins Gespräch.
In der € **Charley's Lounge** (222 1 Ave. W, Tel. +1 250 624 67 71, www.cresthotel.bc.ca) gibt es „Fancy Pub Food" mit schönem Ausblick. Zu dem Restaurant gehört das Crest Hotel Prince Rupert.

INFORMATION
Visitor Services, 200–215 Cowbay Rd., Tel. +1 250 624 56 37, www.visitprincerupert.com

❻ Haida Gwaii

Rund 100 km trennen die Inseln, auch **Queen Charlotte Islands** genannt, vom Festland. Unberührt von der letzten Eiszeit, herrscht hier ein für Kanada ungewöhnliches und vielseitiges Ökosystem.

SEHENSWERT
Auf **Moresby Island** gibt es eine große Auswahl von Aktivitäten, die mit Regenwäldern, Fischerhäfen, Galerien und Totempfählen sowie dem **Gwaii Haanas National Park Reserve** (Tel. +1 250 599 88 18, www.pc.gc.ca/eng/pn-np/bc/gwaiihaanas/index.aspx) zu tun haben. Das Kunsthandwerk des Haida-Stammes ist außergewöhnlich und enorm detailorientiert.

INFORMATION
Haida Gwaii Visitor Information Centre, 3220 Wharf Way, Skeena-Queen Charlotte, Tel. +1 250 559 83 16, www.queencharlottevisitorcentre.com

❼ Watson Lake

Der Verkehrsknotenpunkt ist ideal für einen Zwischenstopp während der Reise auf dem **Alaska Highway** TOPZIEL.

SEHENSWERT
Die Attraktion der Gegend ist der **Sign Post Forest** (Mile 635, Alaska Hwy.) mit seinen über 72 000 Schildern. Wer will, kann seine eigene Plakette im Schilderwald anbringen. Angefangen hat alles 1942 mit einem von Heimweh nach Danville, Illinois, geplagten GI.

INFORMATIONEN
Watson Lake Information Centre, 710 Adela Trail, Tel. +1 867 536 80 00, www.watsonlake.ca/visitors/visitors-interpretive-center

❽ Whitehorse

Die Hauptstadt des Yukon-Territoriums besitzt einen charmanten Innenstadtkern mit historischen Häusern, Bars und Cafés.

SEHENSWERT
Zur Mittagszeit sitzen viele Einheimische am **Flussufer** des Yukon. Der Streifen parallel zur **Front Street** ist mit Picknicktischen und einem Holzpodest für Sommerfeste angelegt. Entspannung findet man in den **Takhini Hot Springs** (s. Favoriten, S. 21).

MUSEEN
Das **MacBride Museum of Yukon History** TOPZIEL (1124 Front St., www.macbridemuseum.com; Mo.–Sa. 9.30–17.00 Uhr) erzählt die Stadtgeschichte anhand vieler traditioneller Kunsthandwerke und oft wechselnder Spezialausstellungen. Die 64 m lange **SS Klondike** (10 Robert Service Way, www.pc.gc.ca/eng/lhn-nhs/yt/klondike/index.aspx), der letzte von einst 200 Raddampfern auf dem Yukon, liegt als Museum aufgedockt in Gehentfernung von der Robert Campbell Bridge. Wie einst im

Die SS Klondike, Baujahr 1937, liegt am Ufer vor Whitehorse fest.

hohen Norden Entfernungen bezwungen wurden, zeigt das **Yukon Transportation Museum** (30 Electra Crescent, www.goytm.ca; Sept.–April So./Mo. 12.00–17.00, Di.–Sa. nach Anmeldung, Mai–Aug. Mi.–So.10.00–18.00 Uhr).

RESTAURANTS / HOTEL
Kaffee-Lust wird im € **Baked Café** (100 Main St. 108, www.bakedcafe.ca) gestillt. Abends gibt es hier Lesungen und Konzerte.
Am Abend trifft man sich ansonsten im € € **Dirty Northern Public House** (103 Main St., www.dirtynorthernyukon.com) und bestellt grandiose Holzofenpizza.
Das € € € **Raven Inn Whitehorse** (150 Keish St, www.raveninn.com) ist ein kleines familienbetriebenes Hotel mit schicken, individuellen Zimmern mitten im Zentrum. Im Restaurant Railwork Lounge trifft man sich abends zur Happy Hour.

INFORMATION
Department of Tourism & Culture, Box 2703, Whitehorse, Yukon Y1A 2C6, Tel. +1 800 661 04 94, www.travelyukon.com

❾ Haines Junction

Der winzige Ort (800 Ew.) im Shakwak Valley ist das Portal zum Kluane National Park.

SEHENSWERT
Als UNESCO-Weltnaturerbe ist der **Kluane National Park** mit Wanderwegen und wilden Flussrouten ein Muss für Outdoor-Fans. Er schützt die Hochgebirgswelt der St. Elias Mountains, die mit den gewaltigsten Eisfeldern und den längsten Gletscherströmen außerhalb der Polarregion aufwarten. Hier erhebt sich Kanadas höchster Berg, der **Mount Logan** (5959 m).

HOTEL
Das € **Cozy Corner Motel** (Alaska Hwy., Tel. +1 867 634 25 11, www.cozycornermotelandrestaurant.com) liegt etwas zurückversetzt direkt am Alaska Highway. Von hier aus kommt man rasch zum Kluane National Park.

INFORMATION
Whitehorse Visitor Information Centre, 2nd Ave., Tel. +1 800 661 04 94, www.whitehorse.ca

❿ Dawson City

Hier wandelt man auf den Pfaden der Goldgräber: Die Stadt steht unter Denkmalschutz.

SEHENSWERT
Neben der **Diamond Tooth Gerties Gambling Hall** (s. S. 93) trotzen auch das **Palace Grand Theatre** und das **Post Office** den Zeichen der Zeit. Außerhalb der Stadt erinnert die **Holzhütte von Jack London** an den Aufenthalt des Autors im harschen Norden.

Tipp

Goldsuche

Man kann es ja zumindest mal versuchen, auch wenn der große Goldfund unwahrscheinlich ist. Wer selbst zum Gold-Digger werden will, findet um Dawson City herum ausreichend Gelegenheit, sich die Finger wundzuschürfen. Ausgestattet mit Pfannen geht man zum nahen Claim am Flussufer; ab dann heißt es: Geduld haben. Am Claim Nr. 6 kann man kostenlos schürfen. Die Ausrüstung leiht das Visitor Information Center aus.

INFORMATION
Grand Forks Rd., Dawson City,
Tel. +1 867 993 55 75,
dawsoncity.ca/listing/free-claim-6

MUSEEN
Die vom Goldrausch geprägte Stadtgeschichte wird im **Dawson City Museum** (595 Fifth Ave., Tel. +1 867 993 52 91, https://parks. canada.ca/lhn-nhs/yt/klondike/culture/lhn-nhs-drague4-dredge4; 18. Mai–Aug. tgl. 10.00 bis 18.00, Sept. Di–Sa. 10.00–14.00 Uhr, Okt. bis Mai nach Anm.) aufbereitet.
Ein neues kulturelles Glanzlicht ist das direkt am Yukon gelegene **Dänojà Zho Cultural Centre** (1131 Front St., trondekheritage.com/ danoja-zho; Juni–Sept. Mo.–Sa. 10.00–17.00 Uhr), das im Holzbau mit aufstrebenden Balken die Traditionen der Tr'ondëk Hwëch zeigt.
Unterhalb des Bonanza Creek ist die **Dredge No4** (www.pc.gc.ca/en/lhn-nhs/yt/klondike/ culture/lhn-nhs_dn4) bei Claim Nr. 17 ein Beispiel für die riesigen Schaufelbagger, mit denen bei Dawson City nach Gold gesucht wurde. Ausgestattet mit 72 Eimern, konnte die gut 3000 t schwere Maschine 15 m tief graben und hob zw. 1913 und 1959 ganze 9 t des Edelmetalls aus dem Boden.

RESTAURANT
Bei € € **Klondike Kate's** (1102 Third Ave., www.klondikekates.ca) wird Lunch, Brunch und Dinner gebrutzelt. Der Laden ist zu jeder Tageszeit voll, die Speisekarte erfreut mit einem Mix aus frischem Fisch, Salaten und Burgern.

INFORMATION
Dawson City Visitor Centre,
1102 Front St./King St., Tel. +1 867 993 55 66,
www.dawsoncity.ca

WO DIE NORDLICHTER AM HIMMEL TANZEN

Der erste grünliche Streifen am dunklen Nachthimmel wirkt zuerst wie ein gedimmter Scheinwerferstrahl. Kann das grelle Leuchten tatsächlich natürlichen Ursprungs sein? Dann wird der Streifen dichter, intensiver, größer. Ein magischer Tanz beginnt: Wie von Zauberhand gesteuert, bewegen sich die Nordlichter über den Horizont. Yukons Himmel wird zur Bühne einer der unwirklichsten und faszinierendsten Naturerscheinungen, die Kanada zu bieten hat: der Aurora Borealis.

Ich sehe das beeindruckende Spektakel zum ersten Mal außerhalb von Whitehorse, mit offenem Mund auf einem Parkplatz stehend und gänzlich unvorbereitet. Mein Tipp: die malerische Route der Chadburn Lake Road Richtung Fish Lake entlangfahren! Wer speziell zum „Northern Lights Hunting" anreist, kann aber auch gezielte Touren unternehmen. Denn der gesamte Yukon ist vor allem in den Wintermonaten eine der besten Gegenden weltweit, um die atemberaubenden Erscheinungen am Himmel zu beobachten. Wer Glück hat, kann auch in der Zwischensaison zum Frühlingsanfang und im Frühherbst neongrüne Streifen beobachten – im Sommer jedoch wird es durch die hellen Nächte nie dunkel genug für diese Phänomene. Am besten sind die Nordlichter von Mitte August bis Mitte April zwischen 22.00 und 3.00 Uhr morgens sichtbar.

Ob über dem zugefrorenen Lake Laberge oder den im Dunkeln schwarz erscheinenden Wipfeln der Bäume: Nordlichter sind atemberaubende Phänomene.

Von Mythen umrankt, sind die Nordlichter übrigens eine Erscheinung, die von Astronomen und Physikern als Tanz angeregter Elektronen beschrieben wird, die von der Sonne aus auf die Magnetosphäre treffen. Bereits Galileo Galilei soll von dem Schauspiel fasziniert gewesen sein.

Informationen gibt es unter www.travelyukon.com. Auch auf der Website www.arcticrange.com werden **Touren** angeboten. Hilfreich, um sich **Aurora-Borealis-Vorhersagen** anzusehen, sind Websites wie auroraforecast.com.

Prärieprovinzen

*

LANGWEILIG?
VON WEGEN!

*

So stellt man sich die kanadische Prärie vor: endlose Weite, Natur überall, menschenleere Straßen. Und so stellt man sie sich gar nicht vor: moderne Architektur, stylishes Design, multikulturelle Stadtzentren und junge Unternehmer. Und doch trifft beides zu. Willkommen im Landesinnern, in Manitoba und Saskatchewan!

Winnipeg, die Hauptstadt der Prärieprovinz Manitoba, trumpft mit dem 2014 eröffneten und ungewöhnlichen Canadian Museum for Human Rights auf.

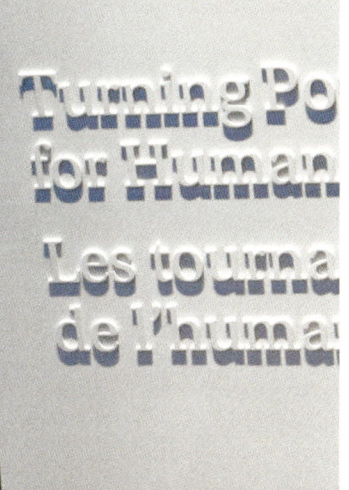

Oben: Auf dem Highway 1 bei
Brandon donnern Trucks über
den Asphalt.

Mitte: In Saskatchewans Prärie wird
sogar eine schlichte Scheune zum
Eyecatcher.

Nicht alle tragen ihre Cowboystiefel
auch im Bett ...

...der Cowboyhut gehört aber offenbar zwingend auch beim Tischfußball auf die Köpfe
der Gäste der La Reata Ranch.

Einmal selbst Cowboy sein? Auf der La Reata Ranch am South Saskatchewan River dürfen Gäste beim Viehtrieb mitmachen. Sattelfest sollten sie aber sein.

Das Beste an Saskatchewan? „Die Natur. Die Vielfalt. Und die Aufgeschlossenheit…", Andrew Hiltz gibt auf. „Der Mix von allem", sagt der Kanadier mit der Hornbrille und dem ansteckenden Lachen. Ein Jahr lang ist Andrew der „Saskatchewanderer", der offizielle Blogger der Region. Vor ihm hatten bereits „Wanderer" wie Felipe, Leah, Neil, Caitlin, Jeff oder Ashlyn die Ehre, Tausende Kilometer durch die Region zu reisen, das Beste zu finden und online darüber zu berichten (www.saskatchewanderer.ca). Die immer neue kulinarische Szene von Regina und Saskatoon zu entdecken, ist nur ein Aufgabenbereich. Kunst, Kultur, aber auch Outdoor

werden in beiden Städten großgeschrieben. Dabei läuft Saskatoon der Konkurrentin mit seinen bunten Graffitistraßen, den vielen Public-Art-Installationen oder der 2017 eröffneten Remai Modern Art Gallery schon fast den Rang ab, was Kunst angeht. Regina, die südlichere der beiden Städte, ist vor allem bekannt durch die Ausbildungsstätte der „Mounties", der Royal Mountain Police, und für etwas gediegeneres Hauptstadtflair und hübsche Ausgehecken wie die Dewdney Avenue im Warehouse District.

Andrew selbst ist in Coronach, Saskatchewan, aufgewachsen, Einwohnerzahl: knapp unter 1000. „Escape the Chaos!" ist der Slogan der Stadt. Ob die

Gemeinde nun den Rest des Landes meint oder die zehn Kilometer entfernten USA, darüber wird mit einem süffisanten Lächeln kanadisch nett geschwiegen. Ganz egal, welchem Chaos man in den Prärieprovinzen des Westens entkommen möchte, man wird sein Ziel mit ziemlicher Wahrscheinlichkeit erreichen. Gehetzt wird hier nicht, selbst in den Städten kommt man gut und gern ohne Gehupe und stressverkniffenes Gesicht aus.

KANADAS VORRATSKAMMERN

In der Region, die als Kornkammer des Landes bekannt ist, wachsen die Getreidevorräte Kanadas. Das Land ist weit, die

Winnipeg bedeutet auf Cree „schlammiges Wasser". Manitobas Hauptstadt liegt am Zusammenfluss von zwei Flüssen, doch nasse Füße bekommt unfreiwillig keiner mehr.

Rechts: Einblicke ins Canadian Museum for Human Rights. Architekt Antoine Predock plante den Bau, der auch mit spektakulären Treppenaufgängen punktet (unten).

Links: Auch der Bahnhof zählt zu den architektonisch wertvollen Gebäuden. In Winnipeg lebt über die Hälfte der gesamten Bevölkerung von Manitoba.

Rechts: Im Exchange District, einem quirligen Viertel mit Restaurants und Läden, stehen viele historische Gebäude aus dem frühen 20. Jahrhundert.

Aktionsbühne The Cube Stage: Hier trifft sich die alternative Musikszene Winnipegs.

Man spricht französisch! In Winnipegs Stadtteil St. Boniface mit der gleichnamigen Kirche leben die meisten Frankokanadier der Stadt.

KULTURELLE HIGHLIGHTS FINDEN SICH IN DEN STÄDTEN, DER REST IST NATUR — UND OFT NUR ZWISCHENSTOPP AUF DEM WEG IN DEN WESTEN.

Natur ist aber nicht ganz so vielfältig wie anderswo. Hier dehnen sich entlang der US-Grenze halbtrockene, grasbedeckte Prärien aus, Getreidefelder, später teils dichte Mischwälder, im Norden folgt dann die weite, baumlose Tundra, durchsetzt von Naturparks mit Seen und Flüssen. Touristische Highlights mit Kunst und Kultur finden sich zwar zur Genüge in den Städten Regina, Saskatoon und Winnipeg, für eilige Touristen bleibt die Gegend aber eher ein kleiner Zwischenstopp auf dem Weg zu den „großen" Highlights im Westen. Die wenigsten nehmen sich die Zeit, gemütlich die breiten Straßen entlangzutuckern und auch einmal auszusteigen.

Schade eigentlich. Denn nur dann entdeckt man unerwartete Szenerien wie die wüstenhaft anmutende Landschaft in der Nähe des Städtchens Swift Current beispielsweise: Zwischen der sanften Hügellandschaft breitet sich dort wie aus dem Nichts kommend eine 1900 Quadratkilometer große Sandfläche aus. Die Great Sand Hills sind der größte Sandkasten des Landes, in dem meterhohe Wanderdünen in den Himmel ragen. Dann folgt das Kontrastprogramm im Cypress Hills Interprovincial Park an der Grenze zu Alberta mit einem märchenhaft dichten Terrain aus Nadelwaldhügeln, Mischwald und Felsen.

VERMISCHTE GESCHICHTE

Jahrtausendelang folgten die Prärieindianer den Wanderungen der Büffelherden. Dann kamen die Europäer. Zwischen 1895 und 1914 gruben ukrainische, polnische und deutsche Einwanderer das Land um und schufen auf dem nährstoffreichen Boden die heutigen kanadischen Kornkammern. Die ersten Neuankömmlinge aber, die dem Land ihren Stempel aufdrückten, waren französische und britische Pelzhändler, die zügig Handelsposten bauten, wichtige Kristallationspunkte für die weitere Landnahme. 1739 gründete Pierre de la Vérendrye aus Montreal am Zusammenfluss von Red River und Assiniboine River das heutige Winnipeg.

FLOTTES WINNIPEG

Winnipeg war einst der Handelsmittelpunkt von Manitoba. Das historische Viertel erstreckt sich über 20 Blocks und umfasst 149 alte Gebäude mit geschwungenen Torbogen, geschnitzten Türen und verzierten Giebelfenstern. Architekturexperte Brian Timmerman, Executive Director des Exchange Districts in Winnipeg, kennt so ziemlich alle Geschichten, die sich um die Backsteingebäude ranken. Der Bezirk explodierte geradezu durch Handelsgeschäfte zwischen 1880 und 1920, Winnipeg wurde zu der am

Winnipeg hat sich fürs 21. Jahrhundert gestylt: Über den Red River spannt sich seit 2003 die Provencher Bridge, links dahinter das 2014 eröffnete Canadian Museum for Human Rights.

schnellsten wachsenden Stadt des Landes. Allein 20 Banken entstanden, damals in majestätischen Bauten, jede wollte mit noch aufwendigeren Strukturen, Säulen und gusseisernen Toren die Nachbarbank übertrumpfen.

Seit das Viertel 1997 zum Historic District erklärt wurde, zog dies eine beispiellose Wiederbelebung nach sich. „Künstler, Designer, Cafés, Restaurants und Boutiquen haben sich angesiedelt." Timmerman zeigt in die belebte McDermot Street, die, bevölkert von lässigen Künstlertypen und jungen Frauen in flotten Bohemian-Kleidern, einen geradezu französischen Charme ausstrahlt.

CHICAGO DES NORDENS

Darauf trifft das Winnipeg der modernen Architektur, das der Stadt das Label „Chicago des Nordens" eingebracht hat. Elegante Glasbauten versprühen Großstadtflair wie das spektakuläre Menschenrechtsmuseum von Antoine Predock, dessen runder Bau nachts bläulich schimmert. Davor spannen sich die weißen Streben der Esplanade Riel Bridge elegant über den Red River. Auch der schiffsartige Steinbau der Winnipeg Art Gallery von Gustavo Da Roza und der energieeffiziente Manitoba Hydro Place machen deutlich, dass diese Stadt Stil, Vorwärtsdrang und Mut hat.

Helfer im roten Rock

Die Mounties

Nur noch die Garde trägt Rot.

Dass der kanadische Westen kein wilder wurde, ist den „Mounties" zu verdanken. Seit 1905 heißen sie Royal Canadian Mounted Police (RCMP) und sind bekannt für ihre Paradeuniform: roter Waffenrock, goldgelbe Knöpfe, breiter Hut.
Heute nimmt die RCMP lokale Aufgaben wahr, nur eine Einheit aus 32 Mounties ist noch zu Pferd im Einsatz – für den Musical Ride. Einst

mussten sie verhindern, dass Kanada außer Rand und Band geriet. Amerikanische Whiskeyhändler tauschten bei den Natives Büffelfelle gegen billigen Fusel, das Gebiet hatte bald seinen Namen weg: „Whoop-up Country". Einhalt gebot keiner. Als 1873 amerikanische Jäger ein Camp des Assiniboine-Stammes überfielen und 70 Menschen töteten, war in Ottawa die Grenze der Geduld überschritten. Eine Polizeitruppe musste her.

Eine Abteilung der North West Mounted Police kam nach Fort MacLeod. 1885 wurde Fort Walsh errichtet. 1876 überquerte Sitting Bull auf der Flucht vor der amerikanischen Armee mit 5000 Sioux die Grenze. Inspektor James M. Walsh ritt mit vier Polizisten ins Sioux-Lager und forderte den Häuptling auf, die Waffen niederzulegen. Sitting Bull, von Walshs Mut beeindruckt, tat genau das. Und die Legende der furchtlosen Mounties war etabliert!

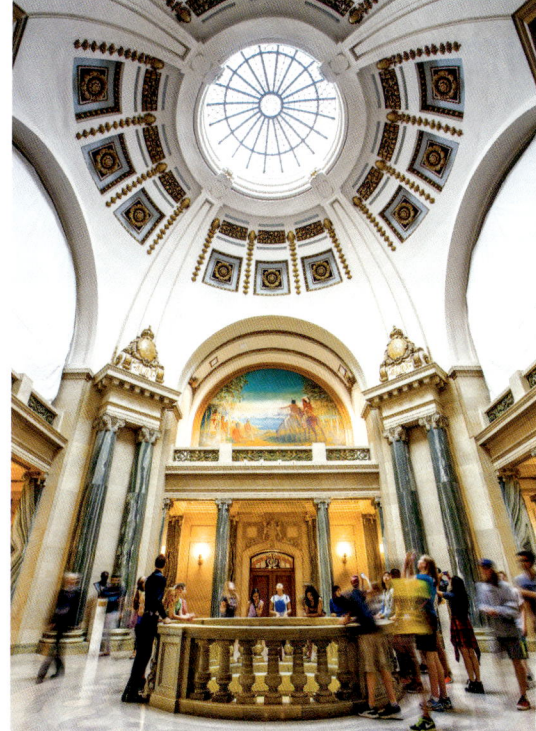

Regina liegt mitten im Weizengürtel Kanadas. Das Legislative Building ist Regierungssitz der Hauptstadt von Saskatchewan.

Oben: Saskatoon steht in permanenter Konkurrenz zu Regina. Die Broadway Bridge führt über den South Saskatchewan River.

Unten: Bunte Tattoos, bunte Küche – Dale Mackay kocht im Restaurant Little Grouse on the Prairie in Saskatoon.

Moderne Wolkenkratzer dominieren die Skyline von Regina. Ihren ersten Namen „Pile of Bones", Knochenhaufen, hat die Stadt 1882 abgelegt.

Drehorte

KANADAS WESTEN
AUF ZELLULOID

Die Szene kommt Ihnen bekannt vor? Kann gut sein. Wer durch Westkanada fährt, kommt ständig an Drehorten vorbei. Regisseure haben die Auswahl von den Rockies bis Drumheller, über Vancouver bis Yukon – und die Natur ist so spektakulär, dass sie selbst fernab der Leinwand wie ein Filmset aussieht.

Der Grizzlyangriff, das eiskalte Wasser, die bitteren Temperaturen im Schnee – die Szenen in „The Revenant" sind brutal und harsch. Und trotzdem: Wenn sich Leonardo DiCaprio als Hugh Glass schwerverletzt durch die Flusstäler schleppt, bleibt die Natur ringsum einfach berauschend. Gedreht in Kananaskis County, dem Bow Valley und Drumheller, ist Alberta in fast jeder Szene des oscargekrönten Streifens zu sehen. Weitere Filmsequenzen zeigen die Badlands von Drumheller. Immer wieder musste sich DiCaprio durch eisige Flüsse in Kananaskis County schleifen, nur um vom Regisseur ein „noch mal" zu hören. „Die ‚Revenant'-Dreharbeiten waren die brutalsten meiner Karriere", bekannte der Hollywoodstar in einem Interview.

Auch Kate Winslet und Idris Elba mussten 2017 bei den Dreharbeiten zu „Zwischen zwei Leben" die Zähne zusammenbeißen. Die beiden müssen sich in dem Drama nach einem Flugzeugabsturz durch die Schneelandschaft der Purcell Mountains im Südosten von British Columbia schlagen.

ROMANTIK AM STRAND

„Twilight"-Fans erkennen romantische Strand-Spots wieder, beispielsweise die prägnanten Felsen am South Beach des Pacific Rim National Parks in Tofino, wo in „New Moon" Bella vor dem melodramatischen Hintergrund auf Jacob trifft. In „Eclipse" und „Breaking Dawn" sind die Strandszenen am Wya Point Beach in Ucluelet aufgenommen. Fans der Trilogie waren in Whistler außer Rand und Band, als die Crew während der Dreharbeiten regelmäßig in den Bars auftauchte. Zwar wurde in Pemberton und Squamish gedreht, die Stars waren aber in den Hotels des Skiorts untergebracht.

GUT UND GÜNSTIG

Und nicht nur die epischen Natur-Shots haben es Hollywood-Filmemachern angetan. Vancouver gilt als eine der beliebtesten Filmstädte überhaupt. Die Gründe? Vancouver passt mit der Altstadt von Gastown an historische Sets, die Glasfassaden von Downtown wiederum sind futuristisch. Auch sind die Genehmigungen einfacher zu bekommen, Produktionskosten und Steuern geringer als in den USA. Also werden Straßenschilder ausgetauscht, und gelbe Taxis rauschen auf der West Hasting Street entlang, als sei sie der Broadway. Für „50 Shades of Grey" wurde Vancouver sogar zu Seattle.

Dann wieder knallen Autos mit Wucht auf den Georgia Viaduct wie 2015 für „Deadpool". Auch 2017 drehte Ryan Reynolds für die Fortsetzung des Marvel-Streifens in Vancouver. Diesmal gab es viele Sets an der Waterfront. Ansonsten sieht man die Stadt in „Planet der Affen", „The Interview", „Star Trek: 3" oder „Akte X". Und natürlich darf das hübsch-historische Setting von Granville Island nicht fehlen: „Mission: Impossible – Phantom Protokoll" nutzte es für mehrere Szenen.

Gefragter Drehort: Vancouvers historischer Stadtteil Gastown (oben)

Wya Point Beach auf Vancouver Island ist Twilight-Fans wohlbekannt.

Drehorte für „The Revenant": die Hoodoos im Drumheller Valley (oben) und King Creek, Kananaskis County (gegenüber)

Informationen

. . . .

Kanadas Westen im Film (Auswahl)

· 50 Shades of Grey
· Brokeback Mountain
· Deadpool
· Klondike
· Mission: Impossible – Phantom Protokoll
· Planet der Affen
· Star Trek: 3
· The Interview
· The Revenant – Der Rückkehrer
· Twilight
· Akte X

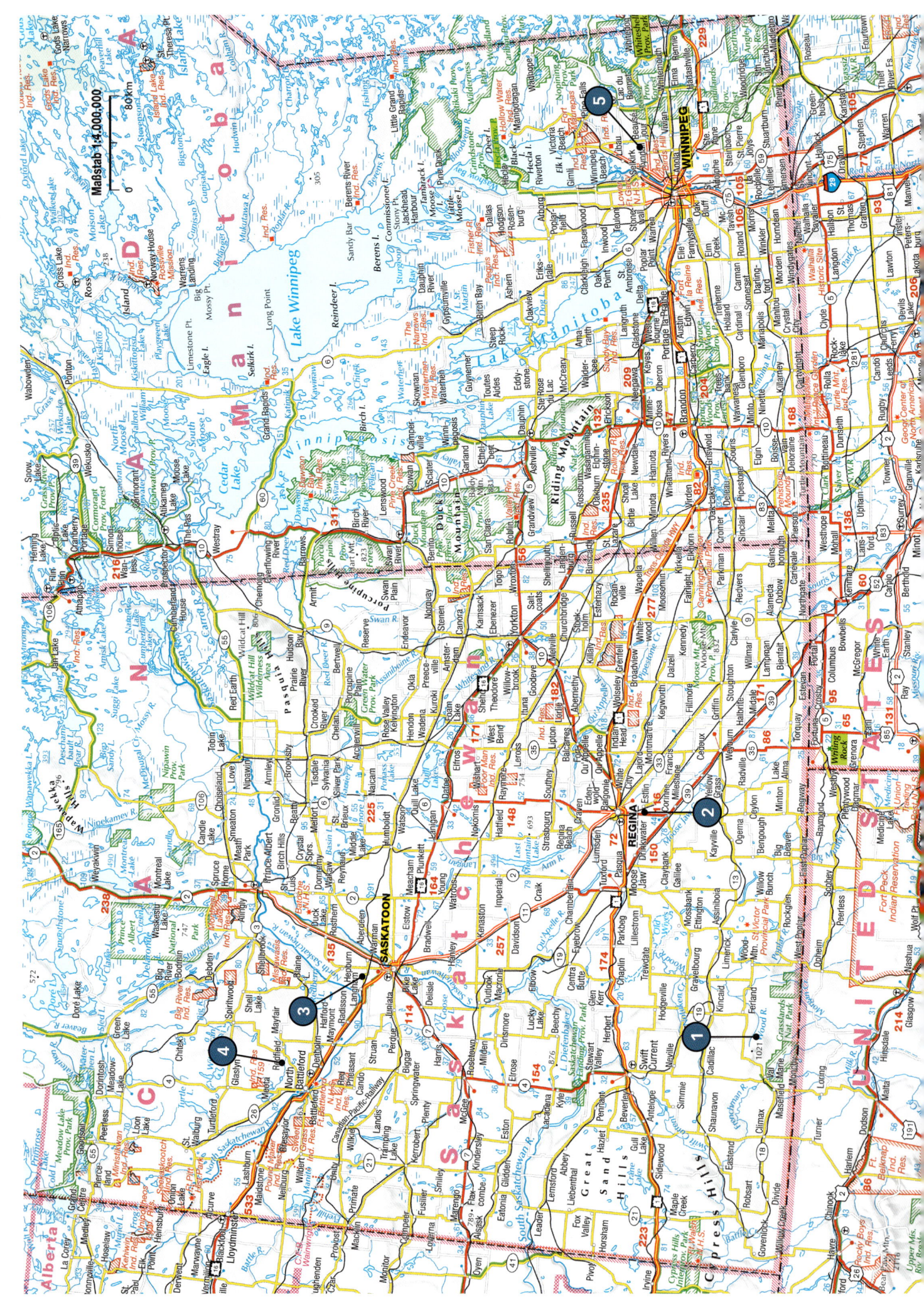

WEITES LAND TRIFFT AUF LÄSSIGES STADTFLAIR

Saskatchewan und Manitoba werden oft überflogen oder mit dem Wohnmobil schnell durchfahren, um nach Alberta zu kommen. Dabei bietet dieser Teil des Westens eine ganz andere Vegetation und hat durchaus spannende Städte zu bieten. Planen Sie also auch ein wenig Zeit für die Prärie ein!

① Grasslands National Park

Der rund 900 km² große Park wurde 1988 zum Schutz einer der letzten ursprünglichen Prärielandschaften Nordamerikas eröffnet.

SEHENSWERT
Der Park ist bekannt für seine klimatischen Extreme: Im Sommer kann es über 40 °C heiß werden, im Winter herrschen oft –40 °C. Hier überlebt nur eine besonders angepasste Tierwelt – im **Frenchman River Valley** leben beispielsweise die letzten Schwarzschwanz-Präriehunde des Landes. Besonders faszinierend sind die **Big Muddy Badlands** (Hwy. 2 und Hwy. 18) mit ihren einst von Gletscherausläufern geformten „Mesas" (Tafelberge) und den bizzaren „Hoodoos" (Sandsteinsäulen). Im Osten des Parks breiten sich die **Killdeer Badlands** aus. Das Visitor Centre befindet sich im Ort Val Marie im Westen.

INFORMATION
Grasslands National Park, Val Marie, Tel. +1 877 345 22 57, https://parks.canada.ca/pn-np/sk/grasslands

② Regina

1882 gegründet, ist die Hauptstadt von Saskatchewan heute eine entspannte Metropole (226 000 Einw.) mit netten Restaurants und guten Museen.

SEHENSWERT
Ein Besuch des **RCMP Heritage Centre** (5907 Dewdney Ave, https://rcmphc.com) zeigt die historische und moderne Geschichte der RCMP anhand von Ausstellungen, virtuellen und Augmented-Reality-Erlebnissen sowie Live-Veranstaltungen. Die beliebte Musikparade mit Pferden tourt durch Kanada und wird 2027 wieder in Saskatchewan zu sehen sein. Der weitläufige **Wascana Park** ist die grüne Lunge und gleichzeitig das pulsierende Freizeitherz der Stadt. Das direkt angrenzende,

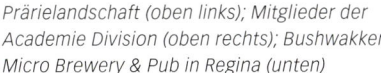
Prärielandschaft (oben links); Mitglieder der Academie Division (oben rechts); Bushwakker Micro Brewery & Pub in Regina (unten)

monumentale **Legislative Building** (2405 Legislative Dr., www.legassembly.sk.ca, tgl. 9.00 bis 17.00 Uhr; Sept.–Mai 12.00–13.00 Uhr Pause), Baujahr 1912, beherbergt Museen und bietet Führungen an.

MUSEEN
Im **Royal Saskatchewan Museum** (2445 Albert St., www.royalsaskmuseum.ca; tgl. 9.30 bis 17.00 Uhr) findet man die volle Bandbreite an Fundstücken und Erläuterungen zu Naturgeschichte und archäologischen Funden. In der **MacKenzie Art Gallery** (3475 Albert St., www.mackenzieartgallery.ca; Di.–Sa. 10.00–17.30, Do. bis 21.00, Sa./So. 11–17.30 Uhr) zeigen sich die spannendsten Exponate in der indigenen Abteilung – vor allem die moderne Native-Kunst. Das **RCMP Museum** (5907 Dewdney Ave.; tgl. 11.00–17.00 Uhr) ist ein Highlight für alle, die von den „Mounties" fasziniert sind.

RESTAURANTS
Hausgebrautes Bier und unkomplizierte, günstige Küche mit Chicken Wings, Nachos und ähnlichem Soulfood: Der € **Bushwakker Brewpub** (2206 Dewdney Ave., Tel. +1 306 359 72 76, www.bushwakker.com) ist eine Institution in der Ausgehszene.
Das € € € **Crave Kitchen & Winebar** (1925 Victoria Ave., Tel. +1 306 525 87 77, www.cravekwb.com) besticht durch leckere Salate, feine Fisch- und Fleischgerichte und eine hübsche Terrasse.

HOTEL
Der Blick aus den großen Zimmern des zentral gelegenen € € **Hotel Saskatchewan** (2125 Victoria Ave., Tel. +1 306 522 76 91, www.marriott.com) geht direkt auf die architektonisch interessanten Glasfassaden der Hochhäuser.

INFORMATION
Tourism Regina Visitor Information Centre, 2900 Wascana Drive, Tel. +1 306 789 50 99, www.tourismregina.com

❸ Saskatoon

Schwestern der Prärie oder eher Rivalinnen? Regina und Saskatoon sind die beiden großen Städte der Region. Durch die Universität und eine junge Szene hat Saskatoon einen besonderen Charme – vor allem der Food-Bereich wird von jungen Einsteigern geprägt.

MUSEUM

Das **Western Development Museum** (2610 Lorne Ave., www.wdm.ca; Mo.–So. 9.00–17.00 Uhr) zeigt mit aufwendigen Ausstellungen die Vergangenheit einer typischen Boomtown der 1910er-Jahre – mehr als 30 Gebäude vermitteln einen Eindruck von der damaligen Zeit. Im Town Centre (910 Spadina Crescent East) ist das **Ukrainian Museum of Canada** (https://umcnational.ca) untergebracht, das auf eine Initiative der Ukrainian Women's Association of Canada von 1936 zurückgeht.

VERANSTALTUNGEN

Im **Persephone Theatre** (100 Spadina Crescent, Tel. +1 306 384 77 27, www.persephone theatre.org) ist klassische und moderne Theaterkunst zu Hause.

RESTAURANTS

Deftige Käse-Croissant-Kreationen zum Frühstück, leichten Lunch und aromatischen Kaffee serviert das **€ Junior Café** (339 Ave. A South, www.juniorcafeyxe.ca).
Top-Chef-Kanada-Gewinner Chef Dale Mackay serviert ständig wechselnde Gerichte aus Saskatchewan mit kreativem Twist in der von ihm mitgegründeten Grasroots Restaurant Group (www.grassrootsrestaurantgroup.ca), zu der neben Little Grouse das **€ € € € F&B Restaurant** (226 2nd Ave. South, Tel. +1 306 979 19 19, www.grassrootsrestaurantgroup.ca) gehört; die geschmorte Rinderlende ist ein Traum.
Die deftigen Burger und üppigen Sandwiches im **€ € Wanuskewin Heritage Park Restaurant** (Penner Rd., Tel. +1 306 931 67 67, www.wanuskewin.com) schaffen eine gute Basis für Erkundungstouren im Park.

EINKAUFEN

Guten Schnaps stellt das Familienunternehmen **Black Fox Spirits** (245 Valley Rd., Saskatoon, Tel. +1 306 955 46 45, www.blackfoxfarm anddistillery.com) her – in einem riesigen Destillierkessel, der aussieht wie eine Mischung aus Saxophon und Orgelpfeifen.

UMGEBUNG

Der **Wanuskewin Heritage Park** (https://wanuske win.com; Mo.–So. 9.30–17.00 Uhr) mit großem Visitor Center zeigt archäologische Funde aus über 6000 Jahren. Schwerpunkt sind die Traditionen und Feste der First Nations aus der Gegend.

INFORMATION

Tourism Saskatoon,
101–202 Fourth Avenue North,
Tel. +1 306 242 12 06,
www.tourismsaskatoon.com

Im Spruce Woods Provincial Park (oben links); Black Fox Spirits in Saskatoon (oben rechts); historische Gebäude in Winnipeg (unten)

❹ Battleford

Am North Saskatchewan River liegen sich die Städte Battleford und North Battleford gegenüber. An dieser Stelle gab es lange Jahre heftige Konflikte um Ressourcen wie Getreide, Holz und Jagdbeute zwischen den Blackfoot und den Cree.

SEHENSWERT/MUSEUM

Battleford mit seiner fotogenen Frontier-Architektur und dem **Historic Site Fort Battleford** (s. URL bei Information) erlaubt einen Blick in die Zeit von 1876 bis 1882, als das Städtchen die Hauptstadt des Territoriums war. 1876 wurde der Stützpunkt der North West Mounted Police eingerichtet. Kostümierte Guides erzählen die Geschichten der ersten Siedler hier. Südwestlich von North Battleford widmet sich das **Western Development Museum** der Pionierzeit (2610 Lorne Avenue). Und moderne Kunst? Die **Allen Sapp Gallery** (1 Railway Ave., www.allensapp.com) zeigt Werke des kanadischen Künstlers, dessen bunte Malerei die Traditionen der Cree-Community feiert.

INFORMATION

Historic Site Fort Battleford,
Tel. +1 306 937 26 21, www.pc.gc.ca/eng/lhn-nhs/sk/battleford/index.aspx

❺ Winnipeg

Im Osten der Prärie rechnet man kaum mit einem quirligen Städtchen wie Winnipeg. Jung und kunstbegeistert, hat die Hauptstadt kosmopolitisches Flair. Bei „The Forks", der Gabelung von Red und Assiniboine River, bauten 1737 Europäer einen Handelsposten. Der Name der Stadt stammt von den Cree und hat die wenig charmante Bedeutung „schlammiges Wasser". Heute ist Winnipeg erstaunlich bunt und multikulturell.

SEHENSWERT

Der 2009 eröffnete **Manitoba Hydro Place** (360 Portage Ave., www.hydro.mb.ca), Sitz des kanadischen Stromversorgers, ist ein faszinierendes Beispiel, wie man Bürogebäude in umweltfreundlicher Nachhaltigkeit bauen kann. Wo heute der **Forks Market** (1 Forks Market Rd., www.theforks.com; tgl. 7.00–22.00 Uhr) mit kleinen Läden, netten Bio-Shops, Bou-

tiquen und Cafés ein lebendiger Treffpunkt der Stadt ist, war früher **The Forks** ein Ort der First Nations und Trapper. Um 1900 entwickelte sich das Fleckchen durch die Eisenbahn zum wichtigsten Marktplatz der kanadischen Prärie. Heute ist es UNESCO-Weltkulturerbe. Auch das **Explore Manitoba Centre** steht hier. Am coolsten für eine Pause mit Show-Effekten ist der **Skateboard-Park**, immer gut besucht von Top-Skatern. Hoch oben auf dem neoklassizistischen **Manitoba Legislative Building** (450 Broadway, www.gov.mb.ca) prangt Winnipegs güldenes Wahrzeichen, der „Golden Boy". Dahinter streckt sich das belebte Studentenviertel **Osborne Village** aus. In den herrlich historischen Straßen des **Exchange District BIZ** (www.exchangedistrict.org) kann man Stunden verbringen. Antikshops, coole Boutiquen und Kunstgalerien geben dem Viertel ein Boheme-Flair. In den warmen Monaten finden hier diverse Festivals statt. Die **Esplanade Pedestrian Bridge** ist bei Tag ein schönes Fotomotiv – angestrahlt bei Nacht aber noch grandioser. Deutschsprachige Führungen durch die **Union Station** bietet O Tours Inc an (www.otours.net). Besonders stolz sind die Locals auf ihr Winnipeg Symphony Orchestra und das renommierte Royal Winnipeg Ballett, deren gefeierte Darbietungen man in der **Centennial Concert Hall** (555 Main St.) sehen kann.

MUSEEN

Das **Canadian Museum for Human Rights** (85 Israel Asper Way, www.humanrights.ca; Di. bis So. 10.00–17.00 Uhr) ist weltweit das einzige Museum, das sich mit der Geschichte der Menschenrechte befasst. Spannende und aufwühlende Ausstellungen, die zum Nachdenken anregen! Das Gebäude entstand nach Plänen von Antoine Predock. Das **Manitoba Museum of Man & Nature** (190 Rupert Av., manitoba museum.ca; Di.–So. 10.00–16.00 Uhr, Mitte

Mai–August tgl. 10.00–17.00 Uhr) taucht tief in die Natur- und Kunstgeschichte der Provinz ein. Die grandios-futuristische **Winnipeg Art Gallery** (300 Memorial Boulevard, www.wag. ca; Di.–So. 11.00–17.00, Fr. bis 21.00 Uhr) beherbergt eine umfassende Inuit-Sammlung – man sollte Zeit mitbringen.

RESTAURANT/HOTEL

Den besten „Cup of Joe", wie die Kanadier ihren Kaffee-Fix nennen, gibt es im stylishen **€ Parlour Coffee** (468 Main St., www.parlour coffee.ca), guten Süßkram bei **€ Bronuts** (3-100 King St., www.bronuts.ca). – Vom stylish-modernen **€ € Mere Hotel** (333 Waterfront Dr., www.merehotel.com) mitten im historischen Exchange District ist es nur ein kurzer Spaziergang bis zur Waterfront.

UMGEBUNG

Der **Spruce Woods Provincial Park** ist eine kleine Sandwüste, gut für kurze Wanderungen. Am Ende des 4 km langen Trails wartet Devils Punch Bowl, wo Wasser und Sand in ein gut 45 m tiefes, blaugrünes Wasserloch abfallen. **Brandon** ist Manitobas zweitgrößte Stadt und bekannt als „The Wheat City" (Getreidestadt).

INFORMATION

Tourism Winnipeg, The Forks, 1 Forks Market Road, Tel. +1 204 927 78 38, www.tourismwinnipeg.com

Tipp

Leben auf der Ranch

· ·

Am Nachmittag das Lasso schwingen und abends am Lagerfeuer die Sterne zählen: Das Leben auf der La Reata Ranch lässt Wildwestträume wahr werden, aber mit ein bisschen mehr Komfort, als John Wayne ihn hatte. Man schläft in hübschen Holzhütten. Der Deutsche George Gaber hat die Ranch 1996 eröffnet, seitdem können Gäste hier aufsatteln und lernen, wie man Rinderherden eintreibt. Am Lake Diefenbaker gelegen, ist die Szenerie spektakulär.

INFORMATION

La Reata Ranch, Box 128, Kyle Saskatchewan, Tel. +1 306 500 21 09, www.lareataranch.com

STEHEND ÜBERS WASSER GLEITEN

Ob in Regina, Saskatoon, Winnipeg oder den kleinen Ortschaften dazwischen: Outdoor-Sport gehört in den Prärieprovinzen zum Alltag. Und wenn man Flüsse und Seen um sich herum hat, dann wird mit dem Kajak gepaddelt, Scooter gefahren, oder man lässt sich zum Angeln mit dem Motorboot etwas weiter hinaus bringen. Wie in Vancouver, Tofino oder am Okanagan wird auch in Regina munter auf Paddleboards über das Wasser geschlittert.

Ich traue mich am Ufer des South Saskatchewan River für mein erstes Paddleboarding-Erlebnis aufs Wasser. Kyla Bouviers Back2Nature Wellness and Events in Saskatoon verleiht das Equipment, Kyla selbst erklärt noch an Land die besten Kniffe, um aufs Brett zu kommen. Dann geht es in kleinen Grüppchen aufs Wasser. Geübte können sich auch einfach bei Eb's Source For Adventure die Boards ausleihen. Neulinge wie ich sind für die ermutigenden Worte und Push-up-Beispiele dankbar. Dann gleitet mein Brett auch schon sanft übers Wasser.

Sieht einfach aus, ist es aber nicht: Stand-up-Paddling

Langsam geht es vorbei an Kanuten, die auf dem breiten Wascana ihre Runden drehen. Wir lassen den Bootsanleger von Echo Dale hinter uns, wo uns riesige Klippen und rote Felsen den Weg weisen. Sandbuchten und grüne Nischen mit Schilf wechseln sich ab und laden zur Pause auf einer mit Sand bedeckten Felsplatte ein. Dann geht es weiter, vorbei an dichten Büschen und Bäumen zum Strathcona Island Park, mit Picknicktischen und grünen Wiesen. Aber am schönsten ist es ohnehin, ganz entspannt über das flache Wasser zu ziehen und darauf zu warten, dass die Sonne die Szenerie in ein rot-goldenes Licht taucht.

· ·

Back2Nature Wellness and Adventures, Saskatoon, www.back 2naturewellness.com; 2-Std.-Anfängerkurs mit Board ab 80 CAD; auch Glow Stand-up Paddleboarding im Dunkeln und mehr

Eb's Source For Adventure, 1640 Saskatchewan Ave., Saskatoon, www.ebsadventure.com; ab 40 CAD pro Tag

HILFREICH & NÜTZLICH

Keine Reise ohne Planung. Auf den folgenden Seiten haben wir für Sie Wissenswertes und wichtige Informationen für Ihre Reise nach Kanada zusammengestellt.

Auch das ist Kanada: Surfer im Pacific Rim National Park.

Anreise

Flug: Direktflüge gehen von Frankfurt/M. nach Calgary und Vancouver mit Anschlussmöglichkeiten im Inland, aber auch von München und Zürich gibt es Nonstop-Flüge. Diverse Airlines bieten Umsteige-Verbindungen ab Europa nach Calgary, Edmonton und Vancouver.
Schiff: Kreuzfahrtschiffe steuern die Häfen Vancouver, Victoria und Prince Rupert an sowie den US-Hafen Skagway in Alaska.

Auskunft

Canadian Tourism Commission: 800–1045 Howe St., Vancouver, BC, V6Z 2A9, www.destinationcanada.com
Destination British Columbia: 12th Floor, 510 Burrard St., Vancouver, BC, V6C 3A8, www.hellobc.com
Travel Alberta: 400–1601 9 Ave. SE, Calgary, AB, T2G 0H4, www.travelalberta.com
Yukon Tourism: Department of Tourism & Culture, Government of Yukon, Box 2703, Whitehorse, YT, Y1A 2C6, travelyukon.de
Northwest Territories Tourism: 4916 47 St., Yellowknife, NT X1A 1L8, Tel. +1 800 661 07 88, spectacularnwt.com
Tourism Saskatchewan: 189–1621 Albert St., Regina, SK, S4P 2S5, Tel. +1 877 237 22 73, www.tourismsaskatchewan.com
Tourism Winnipeg: 300–259 Portage Ave., Winnipeg, MB, R3B 2A9, Tel. +1 204 954 19 77, www.tourismwinnipeg.com
Travel Manitoba: 21 Forks Market Road, Winnipeg, MB, Canada R3C 4T7, Tel. +1 204 971 78 71, www.travelmanitoba.com
Infos zur Waldbrandgefahr:
Canadian Interagency Forest Fire Centre: www.ciffc.ca; Canadian Wildland Fire Information System (CWFIS): cwfis.cfs.nrcan.gc.ca/home

Autofahren

Der nationale **Führerschein** wird anerkannt. Gurtpflicht und Handyverbot sind landesweit einzuhalten, ansonsten gelten die allgemeinen **Straßenverkehrsregeln** – mit einigen Zusätzen: Es darf bei Rot rechts abgebogen werden, haltende Schulbusse dürfen auch vom entgegenkommenden Verkehr nicht überholt werden. Die Beschilderung ist auf Englisch, es gilt das metrische System mit Kilometerangaben. Die **Promillegrenze** liegt je nach Provinz/Territorium zwischen 0,0 und 0,8. **Geschwindigkeitsbegrenzungen**: auf Highways meist 100 km/h, auf zweispurigen Straßen 80 km/h, innerorts 50 km/h; es wird kontrolliert!
Wen die **Polizei** mit Blinklicht zur Seite winkt: Anhalten und im Auto sitzen bleiben, bis der Officer ans Fenster kommt! Den Führerschein stets griffbereit halten.
Vor allem nachts queren oft Bären, Hirsche oder andere **Tiere** die leeren Highways. In Städten, kleinen Ortschaften und an den Highways gibt es **Tankstellen** (1 l Normalbenzin ca. 1,40 CAD). Auf weiten Strecken besser einen vollen Benzinkanister mitnehmen!
GPS und eine gute Karte sind nützlich; Letztere gibt es an Tankstellen oder bei der Canadian Automobile Association (CAA). Die hilft auch im **Notfall** (Tel. +1 800 222 43 57, www.caa.ca).
Mietwagen: Man muss 21 Jahre alt sein, für ein Wohnmobil liegt das Mindestalter bei 25 Jahren. Jeder weitere Fahrer muss eingetragen werden (und kostet Aufpreis). Nach versteckten Kosten wie Drop-off-Fees oder Taxes fragen! Eine Buchung von Deutschland aus ist oft günstiger. In Kanada wird Automatik gefahren, ein Allradantrieb (Four Wheel Drive) empfiehlt sich. Autoeurope vergleicht Verleiher. Gegen einen geringen Aufpreis lässt sich die Selbstbeteiligung vermeiden (www.autoeurope.de).

Botschaften /Konsulate

Deutsche Vertretungen: Botschaft, 1 Waverley St., Ottawa, ON, K2P 0T8, Tel: +1 613 232 11 01 Generalkonsulat Vancouver, Suite 704–999 Canada Pl., Vancouver, BC, V6C 3E1, Tel. +1 604 684 83 77; www.canada.diplo.de
Österreichische Vertretungen: Botschaft, 445 Wilbrod St., Ottawa, ON, K1N 6M7, Tel.

Herrliche Aussicht ganz ohne Anstrengung: die Fahrt mit der Peak to Peak Gondola in Whistler

Das Mindestalter für Erwerb/Konsum von **Alkohol** liegt bei 19 Jahren (18 J. in Alberta, MB). „Tipping" oder „Service Charges" sind nicht auf der Rechnung vermerkt. **Trinkgeld** wird erwartet und sollte mindestens 15 % der Netto-Rechnung vor Tax betragen. Auch in Taxis, in Bars und Clubs wird ein Tip erwartet. Für ein Bier lässt man 1 CAD an der Theke liegen.

Geld

Landeswährung ist der Kanadische Dollar (CAD; 1 CAD, ca. 0,68 €; Anf. 2024); mit Münzen zu 1 Cent (Penny), 5 Cent (Nickel), 10 Cent (Dime), 25 Cent (Quarter), 1 Dollar (Loonie) und 2 Dollar (Toonie) und Scheinen zu 5, 10, 20, 50, 100, 500 und 1000 CAD. Größere Scheine (ab 50 CAD) werden nicht überall angenommen. **Kreditkarten**: Überall akzeptiert werden VISA und MasterCard. An den meisten ATMs (Geldautomaten) kann man mit Maestro-Kreditkarten Geld abheben. Groß im Kommen ist das mobile Wallet wie Google oder Apple Pay. Kanadier bezahlen selbst Minibeträge mit ihrem Handy oder der Smartwatch.

Gesundheit

Die medizinische Versorgung ist in Kanada gut, eine **Auslandskrankenversicherung** empfiehlt sich aber. Verschreibungspflichtige

+1 613 789 14 44; Konsulate: Vancouver, 1160-595 Howe St., BC, V6C 2T5, Tel. +1 604 687 33 38; Calgary, 1200, 1015-4th St. SW, Calgary, AB, T2R 1 J4, Tel. +1 403 283 65 26; www.bmeia.gv.at
Schweizer Vertretungen: Botschaft, 5 Marlborough Ave., Ottawa, ON, K1N 8E6, Tel. +1 613 235 18 37; Konsulat: World Trade Centre, 790-999 Canada Pl., Vancouver, BC, V6C 3E1, Tel. +1 604 684 22 31; www.eda.admin.ch

Camping

Es gibt ein dichtes Netz von Campingplätzen (meist mit Stromanschluss für Motorhomes). In den National- und Provinzparks stehen Zeltplätze zur Verfügung (in der Hochsaison reservieren). Wildcampen in den Parks ist verboten.

Essen und Trinken

Speisen: Ein Nationalgericht gibt es im ethnisch vielseitigen Kanada nicht. In den letzten Jahren wurde die „Farm to table"-Cuisine Trend: Es kommen lokale Zutaten und Fleisch vom Bio-Metzger zum Einsatz. Häufig werden „share dishes" zum Teilen serviert. Regionalschwerpunkte gibt es mit Fisch in Küstennähe, im Inland geht es mit Steaks oder Wild deftiger zu. An den Highways gibt es Fast Food und Coffee-Shops; manche Tankstelle überrascht mit „home cooking".
Getränke: Neben „Coke" und anderen alkoholfreien „Pops" ist die Bierauswahl vielseitig. Weine aus Europa, Südamerika oder Australien gibt es in den meisten Restaurants.
In den Weinbaugebieten ist die Vielfalt groß. Alkohol wird in „Liquor Stores", „Beer Stores" oder direkt bei den Winzern verkauft. Manche Tankstellen haben eine Bierauswahl.

Etikette

Kanadas **Bewohner** sind stolz auf ihren multikulturellen Mix und interessiert an der Herkunft der Besucher. Die indigene Bevölkerung präsentiert ihre Traditionen bei Festen und Ausstellungen. Die Bezeichnung „Indianer" oder „Indians" ist verpönt – „First Nations" oder „Natives" gilt als korrekte Bezeichnung. Die entspannte Atmosphäre des Landes macht sich im **Dresscode** bemerkbar: Sportliche Outdoor-Kleidung ist fast überall akzeptiert. „Zwiebel-Look" ist angesichts des Wetters angebracht. In Gebäuden, Restaurants, Bars und Verkehrsmitteln ist **Rauchen** verboten – und auch auf Dachterrassen, in Außenbars oder nahe Eingängen.

Info

Geschichte

35 000–10 000 v. Chr.: Über die Beringstraße wandern sibirische Nomaden ein.
Um ca. 500 n. Chr.: Die Nordwestküsten-Indianer siedeln entlang der Inside Passage.
1534–1543: Der Franzose Jacques Cartier kommt in Labrador an. Eine zweite Reise soll die Gegend am Saint-Lawrence-Strom besiedeln, doch nach einem extrem harten Winter wird der Kolonisationsversuch abgebrochen.
16./17. Jh.: Samuel de Champlain unternimmt mehrere Versuche der Besiedlung.
1608: Als erste französische Kolonie wird Quebec City gegründet. Der Pelzhandel boomt.
1610: Der Brite Henry Hudson erreicht die Bay, die bis heute seinen Namen trägt.
1670: Gründung der Hudson's Bay Company, die ein lokales Pelzhandelsmonopol erreicht.
1792: George Vancouver nimmt die Westküste für England in Besitz.
1812: Krieg mit den USA
1818: Der 49. Breitengrad wird Grenze zwischen Kanada und den USA.
1858: Erster Goldrausch in British Columbia
1. Juli 1867: Gründung Kanadas im British North America Act
1885: Niederschlagung der Rebellion der von Louis Riel geführten Métis. Die erste transkontinentale Bahnlinie geht in Betrieb.

1896: Goldrausch am Yukon
1914: In Alberta bricht durch die Entdeckung von „schwarzem Gold" ein Öl-Boom los.
1919: Wirtschaftskrise in den Prärieprovinzen
1922: Die Kanadier Charles Best, Frederick Banting und John MacLeod gewinnen den Nobelpreis für ihre Entdeckung von Insulin.
1942: Der Alaska Highway entsteht in nur acht Monaten.
1962: Fertigstellung des Trans Canadian Highway
1965: Kanada erhält eine neue rot-weiße Flagge mit einem Ahornblatt in der Mitte.
1988: In Calgary finden die XV. Olympischen Winterspiele statt.
2010: XXI. Olympische Winterspiele in Vancouver
2015: Justin Trudeau wird zum 23. Premierminister von Kanada gewählt.
2017: Kanada feiert sein 150-jähriges Bestehen (Nationalfeiertag am 1. Juli).
2018: Die USA, Kanada und Mexiko erhalten den Zuschlag für die Fußball-WM 2026.
2019: Justin Trudeau wird wiedergewählt.
2021: Trudeau wird nach einer vorgezogenen Neuwahl zum 3. Mal ins Amt gewählt.
2023: Im Sommer überspringt Kanada die 40-Mio.-Einwohner-Marke.

Medikamente sollte man ausreichend einpacken. Die „Pharmacies" befinden sich in größeren Drugstores.
Im **Notfall** die 911 wählen oder den nächsten „Emergency Room" aufsuchen.

Hotels

Infos zu Hotels geben die Fremdenverkehrsämter der Provinzen; man kann online reservieren. In den großen Städten wird es mit schickeren Hotels teurer; je weiter man in die kanadische Prärie oder den Norden fährt, desto schlichter werden die Optionen. Für die Hochsaison immer vorab reservieren! In Jugendherbergen kann man über Hostelling International buchen; Mitglieder bekommen Rabatt (Tel. +1 800 663 57 77, hihostels.ca).

Preiskategorien
....
€ € € € Doppelzimmer über 250 CAD
€ € € Doppelzimmer 180 – 250 CAD
€ € Doppelzimmer 100 – 180 CAD
€ Doppelzimmer unter 100 CAD

Notruf

Polizei, Krankenwagen, Feuerwehr: **Tel. 911**

Post

Briefmarken gibt es in Postfilialen, an Zeitungskiosken oder in Drogerien mit integrierter Postfiliale (Infos: www.canadapost.ca).

Reisedokumente

Der Reisepass muss länger gültig sein, als der Aufenthalt dauert. Bei der Einreise muss das Rückreiseticket vorgelegt werden. Die „Costums Declaration Form" wird mittlerweile nicht mehr im Flugzeug, sondern an elektronischen Ständen am Flughafen ausgefüllt. Jedes Kind benötigt ein eigenes Ausweisdokument. Vor dem Abflug nach Kanada muss online eine elektronische **Einreiseerlaubnis** (eTA-Verfahren) eingeholt werden (www.cic.gc.ca/english/visit/eta-facts-de.asp). Für Einreisen auf dem Landoder Seeweg ist eine eTA nicht erforderlich. Möglicherweise muss man ausreichend finanzielle Mittel für den Aufenthalt nachweisen.

Reisezeit und Klima

Beste Reisezeit: Mai–September (Yukon: Juni–August). An der Küste kann es im Sommer heiß sein. Im Norden sind aber selbst dann Frost, Schnee oder Starkregen möglich.
In **Vancouver** ist das Klima konstant mild, der Niederschlag kann aber auch im Sommer hoch

sein, eine wasserdichte Jacke ist von Vorteil. Im **Juli und August** sind Ferien: Hotels, National- und Provinzparks sowie Tourismusattraktionen reservieren! Ähnlich ist es an Feiertagswochenenden wie Victoria Day (Mo. vor dem 25. Mai) und Labour Day (1. Mo. im Sept.).
Im **Indian Summer** im Oktober herrscht Besucherandrang, ebenso in der Wintersportsaison (Anfang Dez.–April), an Weihnachten und Ostern.

Restaurants

In Städten ist die Auswahl vielseitiger und vor allem international. Restauranttipps s. Infoseiten.

Preiskategorien
....
€ € € € Hauptspeisen über 25 CAD
€ € € Hauptspeisen 18 – 25 CAD
€ € Hauptspeisen 12 – 18 CAD
€ Hauptspeisen unter 12 CAD

Sicherheit

Kanada gilt als sehr **sicheres Reiseland**. Man sollte sich aber vor allem in Großstädten über gefährliche Viertel informieren. An überfüllten Touristenorten Vorsicht vor Taschendieben! In den kanadischen Parks geben Ranger Infos zu **Bären**. Unbedingt Bärenspray mitführen! Nie Essen oder Müll offen liegen lassen, kein Parfüm tragen und beim Wandern Lärm machen (Pfeife)! Wenn ein Bär auftaucht: ruhig bleiben, langsam rückwärts gehen und im Notfall das Bärenspray einsetzen.

Souvenirs

Beliebte Mitbringsel sind Silberschmuck, Lederwaren sowie Cowboyaccessoires. Auch handgemachte Kosmetika finden sich auf Märkten. Als „Taste of the West" dienen Ahornsirup, Räucherlachs oder Wein.

Sprache

Im Westen des Landes wird Englisch gesprochen, teils auch Französisch oder Deutsch.

Telefonieren

Vorwahlen: Landesvorwahl Kanada: 001, Vorwahl nach Deutschland: 01149, nach Österreich: 01143, in die Schweiz: 01141.

Vergünstigungen

Senioren: Ab 60 Jahren gilt man in Kanada als „Senior" und bekommt Rabatte, etwa im Kino, Theater und Konzert oder in Verkehrsmitteln.

Studierende: Ähnlich ist es bei Studierenden mit International Student Identity Card (ISIC).

Verkehrsmittel

Flugzeug: Inland-Linien wie Air Canada (www.aircanada.com), West Jet (www.westjet.com) und Air Transat decken ein dichtes Netz ab.
Fähren: Gut ausgebaut sind die Routen von BC Ferries (Tel. +1 888 223 37 79, www.bcferries.com) nach Vancouver Island, zu den Queen Charlotte Islands und zu kleineren Inseln.
Zug: VIA Rail (www.viarail.ca) ist mit Routen wie „The Canadian" (Toronto–Vancouver), „Hudson Bay" (Winnipeg–Churchill) und „Skeena" (Jasper–Prince Rupert) eine Alternative zum Auto. Ausblick bietet der „Rocky Mountainer" (www.rockymountaineer.com) auf vier tollen Routen.

Zeit

Zeitverschiebung je nach Zielort: MEZ –7 bis –9 Stunden

Zoll

Einreisende Erwachsene dürfen jeweils 1,1 l Spirituosen, 1,5 l Wein oder 8 l Bier sowie 200 Zigaretten, 50 Zigarren oder 200 g Tabak zollfrei einführen. Zollfrei sind Geschenke im Wert bis 60 CAD pro beschenkter Person. Strikt untersagt ist die Einfuhr von Fleisch oder Wurstwaren sowie Pflanzen, Samen oder Früchten.

Wetterdaten
Vancouver
....

	TAGES-TEMP. MAX.	TAGES-TEMP. MIN.	TAGE MIT NIEDER-SCHLAG	SONNEN-STUNDEN PRO TAG
Januar	6°	0°	16	2
Februar	8°	1°	14	3
März	10°	3°	14	4
April	13°	5°	11	6
Mai	16°	8°	9	8
Juni	19°	11°	7	8
Juli	22°	13°	5	10
August	22°	13°	5	9
September	18°	10°	7	7
Oktober	14°	6°	12	4
November	9°	3°	17	2
Dezember	6°	1°	18	2

REGISTER

Fette Ziffern verweisen auf
Abbildungen

A
Alaska Highway **88, 90,** 95, 99
Athabasca Glacier 86

B
Banff **74,** 74, 77
Banff National Park **4, 74,** 74, 85
Battleford 114
Bella Coola 99
Blackcomb Mountain **67**
Blue River **68,** 69
Bow Lake 86
Bowron Lake Provincial Park 99
Brandon 115
Butchart Gardens 47

C
Calgary 49, 77, **80,** 80, **81,** 82, **85,** 85
Campbell River 53
Canmore 77, 86
Cape Scott Provincial Park. 53
Cathedral Crove 52
Chemainus 52
Columbia Icefield **71,** 86
Colwood 51
Cranbrook 68

D
Dawson 93, 100
Dawson City 91, **92, 93,** 93, 95
Dawson Creek 89
Deep Cove 39
Drumheller **79, 85,** 85
Drumheller Valley **111**
Duffey Lake Provincial Park 58, **67**
Duncan 52

E/F
Edmonton 49, 77, **78, 79,** 79, **86,** 86, **87**
Elk Island 77, 87
Fort Steele 61, 68
Fraser River **58,** 59

G
Gibons 39
Grasslands National Park 113
Grouse Mountain 30, 39
Gwaii Haanas National Park Reserve 100

H
Haida Gwaii 100
Haines Junction **89,** 95, **99,** 100
Harrison 20
Hatley Castle 47
Hell's Gate **58,** 59, 67
Horne Lake Caves Provincial Park 52

I/J
Icefields Parkway 75, 77, **86,** 86
Icefield Skywalk **71**
Jasper 21, 86, **97,** 97
Jasper National Park **76,** 86

K
Kananaskis 86, **111**
Kaslo 68
Kelowna 61, **62, 63, 65,** 68
Kicking Horse Canyon **60**
Klondike 91
Klondike Highway **95**
Kluane National Park **8, 91,** 100

L
Lake Louise **12,** 77, 86
Lund 39

M
MacMillian Provincial Park **14,** 52
Maligne Lake **76,** 86
Mistaya Canyon 86
Moraine Lake **74,** 86
Moresby Island 100
Mount Athabasca 86
Mount Logan **9,** 100
Mount Robson Provincial Park **60,** 61 69

N/O
Nahanni National Park 77, 87
Nanaimo 52
Naramata 68
Nelson 68
Okanagan Lake **62**
Okanagan Valley 59, 62, 68

P
Pacific Rim National Park 52, **116**
Penticton **65,** 68
Peter Lougheed Provincial Park **76**
Peyto Lake **4, 75,** 77, 86
Port Alberni 52
Port Hardy 53
Port McNeill 53
Prince Rupert 100
Pyramid Lake 86

Q/R
Queen Charlotte Islands 100
Quesnel 99
Regina **109, 113,** 113
Revelstoke **61,** 61, 69
Rocky Mountains 61, 74, 85

S
Saltery Bay Provincial Park 39
Sandon 68
Saskatchewan **105**
Saskatoon 49, **114,** 114, 115
Sechelt 39

Sir Alexander Mackenzie Provincial Park 99
Skaha Lake **65**
South Saskatchewan River **18, 80**
Spirit Island **76**
Spruce Woods Provincial Park 114
Strathcona Provincial Park. 53
Sunwapta Falls 86

T/U
Tatshenshini River 96
Telegraph Cove 53
Tintina Trench Valley **95**
Tofino 20, 41, **44,** 44, 48, **52,** 52, 53
Tweedsmuir Provincial Park 99
Ucluelet 39, 52

V
Valemount 69
Valhalla Provincial Park 68
Vancouver **10/11, 22ff.,** 24–39, 48, **96, 111,** 111

Vancouver Island **16/17,** 40ff., **111**
Vernon 68, 69
Victoria **46,** 46, 47, 51
Victoria Island **17**

W
Wanuskewin Heritage Park 114
Waterton Lakes National Park 77
Watson Lake 100
Wells Gray Provincial Park 69
Whistler 56, **57, 62, 67,** 67, **96,** 117
Whistler Mountain 86
Whitehorse **94,** 95, **100,** 100
Winnipeg **4, 103, 107, 108, 114,** 114
Wya Point Beach **111**

Y
Yale **58**
Yellowknife 87
Yoho National Park **60,** 68

Impressum

4. Auflage 2024
© DuMont Reiseverlag, Ostfildern

Verlag: DuMont Reiseverlag, Postfach 3151, 73751 Ostfildern, Tel. 0711 45 02 0, Fax 0711 45 02 135, www.dumontreise.de
Geschäftsführer(in): Dr. Stephanie Mair-Huydts, Markus Schneider
Programmleitung: Andrea Wurth
Redaktion: Christiane Wagner (Leonberg)
Text: Manuela Imre
Exklusiv-Fotografie: Frank Heuer
Titelbild: Miles Ertman/robertharding/laif
Zusätzliches Bildmaterial: S. 3 Frank Heuer, 32 picture alliance/Xinhua News Agency | Liang Sen, 47 u. l. mauritius images/Danita Delimont, 48 l. Huber Images/Susanne Kremer, 49 u. 2016 Tourism Saskatoon/Far and Wide, www. discoversaskatoon.com, 53 l. laif/Christian O. Bruch, 53 r. laif/Frank Heuer, 69 l. Shutterstock/Terelyuk, 69 r. Shutterstock/malgosia janicka, 101 Shutterstock/ Pi-Lens, 120 l. mauritius images/Alamy/All Canada Photos, 120 r. mauritius images/age fotostock, 121 o. l. und o. r. mauritius images/Radius Images, 121 M. Shutterstock/sal73it, 121 u. picture-alliance/AP Photo/The Canadian Press/Jeff McIntosh
Grafische Konzeption, Art Direktion: fpm factor product münchen
Layout und Cover-Gestaltung: CYCLUS · Visuelle Kommunikation, Stuttgart
Kartografie: © MAIRDUMONT GmbH & Co. KG, Ostfildern
Kartografie Lawall (Karten für „Unsere Favoriten")
DuMont Bildarchiv: Marco-Polo-Straße 1, 73760 Ostfildern, bildarchiv@mairdumont.com

Für die Richtigkeit der in diesem DuMont Bildatlas angegebenen Daten – Adressen, Öffnungszeiten, Telefonnummern usw. – kann der Verlag keine Garantie übernehmen. Nachdruck, auch auszugsweise, nur mit vorheriger Genehmigung des Verlages. Erscheinungsweise: vierteljährlich.

Anzeigenvermarktung: MAIRDUMONT MEDIA, Tel. 0711/4502-0, media@mairdumont.com, http://media.mairdumont.com
Vertrieb Zeitschriftenhandel: PARTNER Medienservices GmbH, Postfach 810420, 70521 Stuttgart, Tel. 0711/7252-212
Vertrieb Abonnement: Leserservice DuMont Bildatlas, Zenit Pressevertrieb GmbH, Postfach 810640, 70523 Stuttgart, Tel. 0711/7252-265, dumontreise@zenit-presse.de
Vertrieb Buchhandel und Einzelhefte: MAIRDUMONT GmbH & Co. KG, Marco-Polo-Straße 1, 73760 Ostfildern, Tel. 0711/4502-0
Reproduktionen: PPP Pre Print Partner GmbH & Co. KG Köln

Printed in Germany

Urlaub erinnern ...

Jeder Urlaub geht einmal zu Ende – was bleibt, sind die Mitbringsel, aber auch die Erinnerungen an Land und Leute, an Aromen und Düfte und an manche Kuriosität.

NETT, NETTER, KANADA

Klingt nach Klischee, ist aber wahr: Kanadier sind furchtbar nette Menschen. So nett, dass jeder Beteiligte sich beim gegenseitigen Anrempeln x-mal entschuldigt, bevor man sich mit einem weiteren freundlichen „Sorry" verabschiedet. Diese Höflichkeit ist auch im eigenen Alltag eine Bereicherung.

DER DUFT TOFINOS

Kennen Sie das Gefühl, einen bestimmten Duft am liebsten in ein Einmachglas packen zu wollen, damit man sich zu Hause mit allen Sinnen an jenen bestimmten Ort erinnern kann? So ging es mir in Tofino, wo sich eine Salzwasserbrise mit dem erdig-üppigen Geruch des Küstenregenwalds mischt. Im Spa des Wickaninnish Inn (www. wickinn.com) fand ich die Kerze „The Woods" der Tofino Soap Company, die jenen Duft perfekt eingefangen hat.

PADDELN WIE EIN „CANUCK"

Wenn wir eines richtig gut gelernt haben in Kanadas Westen, dann ist es das Paddeln! Ob im Kanu, Kajak, beim Rafting oder auf dem SUP-Board, der nächste See, Fluss oder Meeresarm ist immer nah.

KANADISCH-SCHICK

„Auch wenn man nicht gleich die volle Cowboy-Montur in den Koffer pressen will: So ein typisch rot-kariertes kanadisches Holzfällerhemd hat einfach Stil!" Das meint jedenfalls Frank Heuer, Fotograf dieses Bandes.

MITTEN IM GOLDRAUSCH

Gefangen im Goldrauschfieber des Yukon? Das ist schon vielen anderen passiert – Autor Jack London beispielsweise 1897. Er kehrte mit leeren Taschen, aber vielen Geschichten zurück, nachzulesen im Abenteuer-Epos „Ruf der Wildnis".

NANAIMOS DESSERT-BOMBE

Wo lässt sich das Lieblingsdessert der Kanadier besser probieren als in Nanaimo, seinem Entstehungsort? Der „Nanaimo Bar" ist dekadent: unten eine Kokos-Keks-Mischung, Pudding in der Mitte, oben eine dicke Schokoglasur. Klingt nicht sonderlich kanadisch? Kanada ist ein Multikulti-Land!

»HOW LUCKY I AM TO HAVE SOMETHING THAT MAKES SAYING GOODBYE SO HARD.«

Was Winnie the Pooh feststellt, gilt auch, wenn die Kanada-Reise endet …

INUKSHUK-MITBRINGSEL

Glücksbringer kann man nie genug haben! Deshalb hängt nun ein kleiner Inukshuk an meinem Schlüsselbund. Die großen Steinmann-Originale (Hauptlogo der Olympischen Spiele 2010 in Vancouver und Whistler) wurden früher von den Inuit als Navigationshilfen gebaut und sind ein Symbol für Sicherheit, Hoffnung und Freundschaft.

BÄRIGES GEHEIMNIS

Jeder kennt Winnie the Pooh (Pu der Bär), wenige wissen aber von der Verbindung des beliebten Bären zu Kanada und speziell zu Winnipeg. Alle Infos gibt es im Kinderbuch „Finding Winnie: The True Story of the World's Most Famous Bear", erhältlich im Geschenkeladen des Assiniboine Park Zoos (www.assiniboinepark zoo.ca) oder im Handel.

YEEHAW

Mit Cowboys nichts am Hut? Egal, man verfällt der charmanten und einzigartigen Calgary Stampede in Sekundenschnelle. Jedes Jahr strömen im Juli gut 1,5 Millionen Besucher für die riesige Rodeo-Show nach Alberta – wir sind danach mit neuen Cowboystiefeln an den Füßen abgereist.

FRISCHE FISCHE

Lachs – ein Grundnahrungsmittel der indigenen Bevölkerung – ist ein „Must-eat" im Westen Kanadas. Die geräucherte Variante darf im Gepäck mitgenommen werden. Mein Tipp: kandierter Lachs (den es zum Beispiel im Markt auf Granville Island gibt)!

PORTO
PORTUGAL NORDEN

Die Schöne am Douro
Lange im Schatten Lissabons hat sich Porto in den letzten Jahren in der ersten Riege der weltweiten Topreiseziele einen Platz gesichert. Und das zu Recht! Sehen Sie selbst!

Mittelalter live
Abseits der Küsten scheint in Nordportugal die Zeit stillzustehen – ein Besuch in den „historischen" Dörfern zwischen Coimbra und Porto ist ein besonderes Erlebnis.

OSTSEEKÜSTE
MECK-POMM

Im Zeichen der Hanse
Wir stellen die Stadtschönheiten Rostock, Stralsund, Wismar, Greifswald und Anklam mit ihren Sehenswürdigkeiten ausführlich vor.

Strände ohne Ende ...
... und für jeden Geschmack mit guter Infrastruktur oder ganz naturbelassen. Finden Sie mit Hilfe des DuMont Bildatlas Ihr persönliches Strandparadies.

www.dumontreise.de

LIEFERBARE AUSGABEN

DEUTSCHLAND
207 Allgäu
216 Altmühltal
220 Bayerischer Wald
180 Berlin
162 Bodensee
217 Brandenburg
175 Chiemgau, Berchtesg. Land
237 Dresden, Sächsische Schweiz
152 Eifel, Aachen
157 Elbe und Weser, Bremen
168 Franken
020 Frankfurt, Rhein-Main
112 Freiburg, Basel, Colmar
231 Hamburg
026 Hannover zw. Harz und Heide
042 Harz
023 Leipzig, Halle, Magdeburg
210 Lüneburger Heide
188 Mecklenburgische Seen
038 Mecklenburg-Vorpommern
033 Mosel
190 München
047 Münsterland
223 Nordseeküste Schleswig-Holstein

006 Oberbayern
161 Odenwald, Heidelberg
035 Osnabrücker Land
002 Ostfriesland
164 Ostseeküste Mecklenburg-Vorpommern
154 Ostseeküste Schleswig-Holstein
201 Pfalz
040 Rhein zw. Köln und Mainz
185 Rhön
186 Rügen, Usedom, Hiddensee
206 Ruhrgebiet
149 Saarland
182 Sachsen
159 Schwarzwald Norden
045 Schwarzwald Süden
018 Spreewald, Lausitz
008 Stuttgart, Schwäbische Alb
239 Sylt, Amrum, Föhr
204 Teutoburger Wald
170 Thüringen
037 Weserbergland

BENELUX
156 Amsterdam
011 Flandern, Brüssel
179 Niederlande

FRANKREICH
177 Bretagne
021 Côte d'Azur
032 Elsass
228 Frankreich Südwesten Okzitanien
240 Französische Atlantikküste
019 Korsika
213 Normandie
235 Paris
198 Provence

GROSSBRITANNIEN/ IRLAND
187 Irland
202 London
189 Schottland
227 Südengland

ITALIEN/MALTA/ KROATIEN
181 Apulien, Kalabrien
211 Gardasee
222 Golf von Neapel, Kampanien
163 Istrien, Kvarner Bucht
215 Italien, Norden
233 Kroatische Adria
167 Malta
155 Oberitalienische Seen
158 Piemont, Turin
014 Rom

165 Sardinien
003 Sizilien
203 Südtirol
039 Toskana
232 Venedig, Venetien

GRIECHENLAND/ ZYPERN/TÜRKEI
034 Istanbul
016 Kreta
176 Türkische Südküste, Antalya
229 Zypern

MITTEL- UND OSTEUROPA
236 Baltikum
208 Danzig, Ostsee, Masuren
169 Krakau, Breslau, Polen Süden
044 Prag
193 St. Petersburg

ÖSTERREICH/ SCHWEIZ
192 Kärnten
004 Salzburger Land
196 Schweiz
226 Tirol
197 Wien

SPANIEN/PORTUGAL
043 Algarve
214 Andalusien
150 Barcelona

025 Gran Canaria, Fuerteventura, Lanzarote
172 Kanarische Inseln
199 Lissabon
209 Madeira
174 Mallorca
225 Porto, Portugal Norden
007 Spanien Norden, Jakobsweg
219 Teneriffa, La Palma, La Gomera, El Hierro

SKANDINAVIEN/ NORDEUROPA
166 Dänemark
212 Finnland
153 Hurtigruten
029 Island
200 Norwegen Norden
178 Norwegen Süden
151 Schweden Süden, Stockholm

LÄNDERÜBERGREIFENDE BÄNDE
224 Donau – Von der Quelle bis zur Mündung
112 Freiburg, Basel, Colmar
221 Kreuzfahrt auf der Ostsee

AUSSEREUROPÄISCHE ZIELE
183 Australien Osten, Sydney
109 Australien Süden, Westen
218 Bali, Lombok
195 Costa Rica
234 Dubai, Abu Dhabi, VAE
160 Florida
205 Iran
027 Israel, Palästina
230 Kalifornien
031 Kanada Osten
191 Kanada Westen
171 Kuba
238 Marokko
022 Namibia
194 Neuseeland
041 New York
184 Sri Lanka
048 Südafrika
012 Thailand
046 Vietnam